JOVANIA MARIA PERIN SANTOS

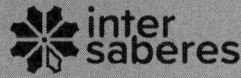

SÉRIE LÍNGUA PORTUGUESA EM FOCO

Produção de materiais didáticos para o ensino de português como língua estrangeira

Rua Clara Vendramin, 58 ♦ Mossunguê ♦ CEP 81200-170 ♦ Curitiba ♦ PR ♦ Brasil
Fone: (41) 2106-4170 ♦ www.intersaberes.com ♦ editora@intersaberes.com

Dr. Alexandre Coutinho Pagliarini;
Drª Elena Godoy; Dr. Neri dos Santos;
Dr. Ulf Gregor Baranow ♦ conselho editorial

Lindsay Azambuja ♦ editora-chefe

Ariadne Nunes Wenger ♦ gerente editorial

Daniela Viroli Pereira Pinto ♦ assistente editorial

Monique Francis Fagundes Gonçalves ♦ prepaparação de originais

Monique Francis Fagundes Gonçalves;
Palavra do Editor ♦ edição de texto

Mayra Yoshizawa ♦ design de capa

Shtonado/Shutterstock ♦ tipografia de capa

Raphael Bernadelli ♦ projeto gráfico

Kátia P. Irokawa Muckenberger ♦ diagramação

Mayra Yoshizawa; Sílvio Gabriel Spannenberg ♦ equipe de design

Regina Claudia Cruz Prestes ♦ iconografia

Dados Internacionais de Catalogação na Publicação (CIP)
(Câmara Brasileira do Livro, SP, Brasil)

Santos, Jovania Maria Perin
    Produção de materiais didáticos para o ensino de português como língua estrangeira/Jovania Maria Perin Santos. Curitiba: InterSaberes, 2020. (Série Língua Portuguesa em Foco)
    Bibliografia.
    ISBN 978-85-227-0308-1

    1. Ensino – Metodologia 2. Língua estrangeira – Estudo e ensino 3. Língua portuguesa – Estudo e ensino 4. Prática pedagógica 5. Professores – Formação I. Título. II. Série.

20-32731   CDD-371.3

Índice para catálogo sistemático:

    1. Língua portuguesa como língua estrangeira:
       Ensino: Metodologia 371.3

Iolanda Rodrigues Biode – Bibliotecária – CRB-8/10014

1ª edição, 2020.
Foi feito o depósito legal.

Informamos que é de inteira responsabilidade da autora a emissão de conceitos.

Nenhuma parte desta publicação poderá ser reproduzida por qualquer meio ou forma sem a prévia autorização da Editora InterSaberes.

A violação dos direitos autorais é crime estabelecido na Lei n. 9.610/1998 e punido pelo art. 184 do Código Penal.

sumário

prefácio, vii

apresentação, xi

como aproveitar ao máximo este livro, xvi

um   Conceitos, definições e observações práticas sobre materiais didáticos, 19

dois   Reflexões sobre abordagens de ensino de PLE/PL2, 59

três   Exploração de gêneros textuais/discursivos nos materiais didáticos de PLE/PL2, 101

quatro   Qual é o espaço da gramática no ensino de PLE/PL2?, 139

cinco   Critérios para análise de materiais didáticos para o ensino de PLE/PL2, 181

seis   Elaboração de unidades temáticas para
        o ensino de PLE/PL2, 225

considerações finais, 267

referências, 269

bibliografia comentada, 287

respostas, 289

sobre a autora, 295

prefácio

❡ INDISCUTIVELMENTE, OS MATERIAIS didáticos, em suas diferentes formas – impressas ou digitais –, ocupam um lugar de destaque no ensino de idiomas. Professores de línguas selecionam, analisam, adaptam e criam materiais constantemente, de modo menos ou mais ativo, individualmente ou em colaboração com colegas. Ao contrário, porém, do que um olhar leigo pode levar a crer, práticas como essas são bastante complexas. Daí a relevância da presente publicação, que se coloca um importante objetivo: contribuir para o desenvolvimento de capacidades necessárias para análise e produção de materiais didáticos de português como língua estrangeira/segunda (PLE / PL2) – ou, para evocar outra designação recorrente no Brasil, de português como língua adicional (PLA).

O percurso feito por Jovania Perin Santos, nesta obra, permite introduzir, gradativamente, o leitor em tal universo. O primeiro capítulo inicia com a discussão sobre a noção de **material didático**, possíveis vantagens e desvantagens na adoção de livros didáticos e diferentes perfis de estudantes. Reflexões sobre abordagens de ensino são realizadas no segundo capítulo, dando espaço para questões mais específicas sobre materiais didáticos na sequência. Assim, os capítulos 3 e 4 focalizam, respectivamente, a exploração de gêneros e da gramática em materiais didáticos de PLE/PL2. O Capítulo 5, por sua vez, além de traçar um histórico dos livros nessa área, traz um conjunto de critérios para a avaliação de materiais didáticos. Por fim, o Capítulo 6 apresenta, à luz dos pontos tratados anteriormente, uma proposta de passo a passo para a elaboração de uma unidade temática.

Com um tom didático e leve, tal percurso é marcado pela interlocução constante entre textos teóricos e a experiência de Jovania Perin Santos como docente, formadora de professores e autora de materiais didáticos. Perguntas e inquietações recorrentes entre docentes e discentes de PLA são abordadas, por meio de uma série de exemplos. Outro ponto que dá concretude às discussões teóricas realizadas são as análises de atividades de diferentes materiais didáticos. Dessa forma, promovendo a necessária relação entre teoria e prática, a obra apresenta relevantes contribuições para a formação de professores de PLA.

Que, por meio deste livro, o leitor possa desenvolver um olhar cada vez mais crítico para os materiais didáticos de PLA, o que certamente será fundamental para sua (futura) prática docente. E que, se assim o desejar, possa se lançar na desafiadora – porém fascinante – tarefa de produção de materiais didáticos, conforme seus contextos específicos de atuação.

Boa leitura!

Leandro Rodrigues Alves Diniz
Universidade Federal de Minas Gerais

apresentação

❰ESTE LIVRO TEM por finalidade contribuir para a produção de materiais didáticos especialmente voltados ao ensino de português como língua estrangeira e de português como segunda língua (PLE/PL2)*. Para isso, apresentamos reflexões com o intuito de levar os professores a produzir seus materiais ou a produzir atividades que complementem os materiais adotados em

---

* Optamos por usar as abreviações PLE/PL2, pois acreditamos ser mais compreensíveis para interessados no assunto e pessoas que eventualmente estejam iniciando seus estudos sobre ensino-aprendizagem de português como língua estrangeira. Destacamos que PL2 faz referência ao ensino de português para estrangeiros em imersão, ou seja, no país onde essa língua é oficial e falada. Já PLE pode referir-se tanto ao ensino fora do país quanto ao ensino em imersão. Entendemos que existem outras abreviações que se remetem à mesma área de estudos, como PFOL (português para falantes de outras línguas) e PLA (português como língua adicional), porém, existe certa alteração no enfoque teórico a que cada uma alude. Descrevemos com mais detalhes essas abreviações no livro *Metodologias de ensino de língua portuguesa como língua estrangeira*, publicado pela Editora InterSaberes.

seus cursos ou aulas. Nossa intenção é que os docentes tenham autonomia e não se sintam dependentes de livros, manuais ou apostilas que muitas vezes são desatualizados e não atendem às necessidades dos alunos.

Ao iniciarmos a produção deste livro, inevitavelmente nos lembramos de alguns trabalhos importantes já publicados com o mesmo fim: refletir sobre o processo de produção de materiais didáticos de língua estrangeira. Algumas obras (que serão citadas aqui) são trabalhos preciosos, que muito contribuíram para o desenvolvimento da área. Com base nesses estudos, tentaremos produzir algo novo, buscando, assim, o aprimoramento contínuo. Sabemos que o campo de produção de materiais didáticos para o ensino de PLE/PL2 tem muito a desenvolver; da mesma maneira, as pesquisas na área precisam dar suporte teórico às práticas de elaboração desses materiais.

Quando pensamos sobre a elaboração de propostas para o ensino de línguas, logo vemos a complexidade que envolve essa tarefa. Isso acontece em razão da multiplicidade da linguagem, pois são inúmeras as operações discursivas implicadas na comunicação. Os diferentes atos de fala envolvem situações diversas, como pedir, agradecer, convidar, informar e expressar opinião. Há ainda as influências contextuais, que são políticas, históricas, culturais, emocionais, entre outras. É relevante iniciarmos esta obra considerando que nosso objeto de estudo nos coloca diante de desafios significativos. A todo momento, os professores se veem diante de decisões a serem tomadas, e as possibilidades, as tendências teóricas e as abordagens são muitas.

De um lado, há, por exemplo, a percepção de que as línguas são diferentes; de outro, vemos que há muito em comum entre elas. Ainda, percebemos que, para nos comunicarmos de forma ampla em uma língua, não é suficiente conhecermos um conjunto de recursos linguísticos/gramaticais; temos de mobilizar operações de construção de significados nas diversas situações comunicativas. No entanto, sabemos que as línguas se compõem de um conjunto de elementos gramaticais e que elas têm regras de uso. Isso fica visível na produção de alunos de PLE iniciantes quando cometem inadequações como: "Eu muito gosto de churrasco". Nesse exemplo, notamos que o advérbio não está no lugar em que o usamos normalmente em português. Assim, vemos que há regras estabelecidas; embora algumas sejam flexíveis, as línguas se constituem de determinadas formas.

Além dessas características, precisamos observar o dinamismo e a diversidade da linguagem. Mesmo que muitas gramáticas se esforcem para criar regras e descrições delimitando um formato rígido e estanque para uma língua, sabemos que elas são dinâmicas e passam por mudanças. Frequentemente, surgem novos vocábulos, novas formas de pronúncia e até de entonação. Inevitavelmente, as propostas de ensino devem se atualizar e acompanhar tais transformações. Isso faz com que os materiais tenham "data de validade", pois, de modo geral, logo perdem sua atualidade, e algumas atividades, sua relevância. Esse é mais um desafio para os professores, que frequentemente têm de revisar seus materiais.

Por essas e outras razões, a formação teórica e crítica de professores é tão necessária. Houve um tempo em que as aulas eram planejadas tendo como ponto de partida tópicos gramaticais; já em outros, eram baseadas em quatro habilidades: compreensão oral, escrita e produção oral e escrita. Atualmente, parece que o desenvolvimento de materiais didáticos está direcionado às necessidades dos alunos e, para atendê-las, podemos usar diferentes abordagens e propostas que favoreçam a aprendizagem em determinados momentos. É possível que estejamos nos direcionando a escolhas de abordagens sem as amarras do que é mais prestigiado em determinado período.

Iniciaremos nossa discussão, no Capítulo 1, com reflexões sobre o que são os materiais didáticos e como podemos classificá-los. Analisaremos as vantagens e as desvantagens em adotar um livro didático e citaremos algumas práticas de ensino que não utilizam materiais didáticos previamente definidos. Além disso, refletiremos sobre quais formatos podem ser mais adequados para o ensino de PLE/PL2 e finalizaremos com uma descrição do perfil dos alunos de PLE/PL2.

O Capítulo 2 será destinado à reflexão sobre os conceitos de método, metodologia e abordagem. Mencionaremos alguns estudos relacionados à aquisição da linguagem e às abordagens de ensino de PLE/PL2. Como a produção e a análise de materiais didáticos são os temas centrais deste livro, apresentaremos um breve histórico sobre os livros didáticos de PLE/PL2 publicados. Finalizaremos esse capítulo com observações sobre o espaço plurilíngue e pluricultural das aulas de PLE/PL2 e a abordagem intercultural.

Exploraremos os conceitos relacionados ao ensino da gramática no Capítulo 3. Em especial, faremos reflexões sobre que gramática pode ser seguida como orientação para a formação de professores de PLE/PL2 e também que tipos de gramática são mais comuns, além de destacarmos a necessidade de haver uma gramática do português brasileiro voltada ao ensino de português para estrangeiros. Nesse capítulo, também serão consideradas características e necessidades linguísticas de aprendizagem de alunos falantes de línguas distantes e próximas ao português brasileiro.

No Capítulo 4, refletiremos sobre a exploração de textos nos materiais didáticos. Essa prática ocorre em virtude da importância do uso tanto de textos orais quanto de textos escritos para a elaboração de atividades. Daremos especial ênfase a reflexões sobre a oralidade. Concluiremos esse capítulo com exemplos de atividades com gêneros orais.

Já no Capítulo 5 abordaremos os critérios de análise de livros e materiais didáticos. Forneceremos uma lista de perguntas que podem auxiliar na análise dos materiais. Uma seção nesse capítulo apresentará um panorama sobre os livros didáticos de PLE/PL2 existentes e também discutirá a importância de produzir materiais específicos para públicos específicos. Esse capítulo será finalizado com uma reflexão sobre os diferentes discursos que permeiam os materiais didáticos.

O Capítulo 6 terá como foco a elaboração de uma unidade temática para o ensino de PLE/PL2. Vamos descrever todo o processo de planejamento e confecção dessa unidade a fim de compartilhar uma proposta de produção de materiais didáticos.

como aproveitar ao máximo este livro

Empregamos nesta obra recursos que visam enriquecer seu aprendizado, facilitar a compreensão dos conteúdos e tornar a leitura mais dinâmica. Conheça a seguir cada uma dessas ferramentas e saiba como estão distribuídas no decorrer deste livro para bem aproveitá-las.

Logo na abertura do capítulo, informamos os temas de estudo e os objetivos de aprendizagem que serão nele abrangidos, fazendo considerações preliminares sobre as temáticas em foco.

Ao final de cada capítulo, relacionamos as principais informações nele abordadas a fim de que você avalie as conclusões a que chegou, confirmando-as ou redefinindo-as.

ideal para suas aulas e ao que esperam de manuais ou atividades. A pesquisa contou com respostas de professores de várias cidades brasileiras e que lecionam para diferentes perfis de alunos, mas que em sua maioria estão em imersão. Procurou-se levantar informações sobre as escolhas e as preferências dos docentes que responderam ao questionário.

Buscamos ainda, neste capítulo, fornecer informações gerais sobre o perfil de alunos de PLE/PL2. Destacamos que a escolha de materiais deve estar atrelada ao perfil dos alunos, sendo necessário, para isso, considerar cuidadosamente os objetivos das aulas e os conteúdos mais apropriados.

Atividades de autoavaliação

- Todos nós já utilizamos algum tipo de material didático em nossa vida estudantil. Esse recurso gera muita inovação para o ensino de modo geral e proporciona o desenvolvimento da aprendizagem. A respeito do uso de materiais didáticos para o ensino de línguas e de acordo com o texto do capítulo, analise as afirmativas a seguir.
- Qualquer objeto ou artefato pode ser usado como material didático.
- A função dos materiais didáticos é viabilizar a aprendizagem de modo significativo e prazeroso.
- É o olhar criativo e inventivo do professor que transforma um objeto qualquer em material que possibilita a aprendizagem.
- Podemos considerar como materiais didáticos apenas os livros didáticos publicados.

Apresentamos estas questões objetivas para que você verifique o grau de assimilação dos conceitos examinados, motivando-se a progredir em seus estudos

Atividades de aprendizagem

Questões para reflexão

- Apresente duas características para cada tipo de material didático citado no quadro a seguir.

Material didático	Características
Livro didático publicado	a. b.
Apostila com atividades elaboradas para determinado público	a. b.
Partir de textos autênticos (escritos ou orais) e construir atividades específicas para cada grupo	a. b.

- Após o estudo do capítulo, reflita sobre as seguintes questões: Qual formato de materiais você julga mais apropriado para o público com o qual você trabalha? Caso você ainda não lecione, que formato de materiais você acredita ser mais apropriado para estudantes em imersão?

Aqui apresentamos questões que aproximam conhecimentos teóricos e práticos a fim de que você analise criticamente determinado assunto

bibliografia comentada

PEREIRA, A. L.; GOTTHEIM, L. (Org.). Materiais didáticos para o ensino de língua estrangeira: processos de criação e contextos de uso. Campinas: Mercado de Letras, 2013.

Os artigos desse livro estão direcionados para práticas de ensino e, principalmente, para a produção de materiais didáticos para o ensino de PLE. São reflexões muito úteis para quem pretende desenvolver ou adaptar atividades ou materiais para o ensino. As observações incentivam o espírito investigativo e crítico desde o momento da concepção dos materiais, passando pelo desenvolvimento, até sua aplicação.

Nesta seção, comentamos algumas obras de referência para o estudo dos temas examinados ao longo do livro.

um	Conceitos, definições e observações práticas sobre materiais didáticos
dois	Reflexões sobre abordagens de ensino de PLE/PL2
três	Exploração de gêneros textuais/discursivos nos materiais didáticos de PLE/PL2
quatro	Qual o espaço da gramática no ensino de PLE/PL2?
cinco	Critérios para análise de materiais didáticos para ensino de PLE/PL2
seis	Elaboração de unidades temáticas para o ensino de PLE/PL2

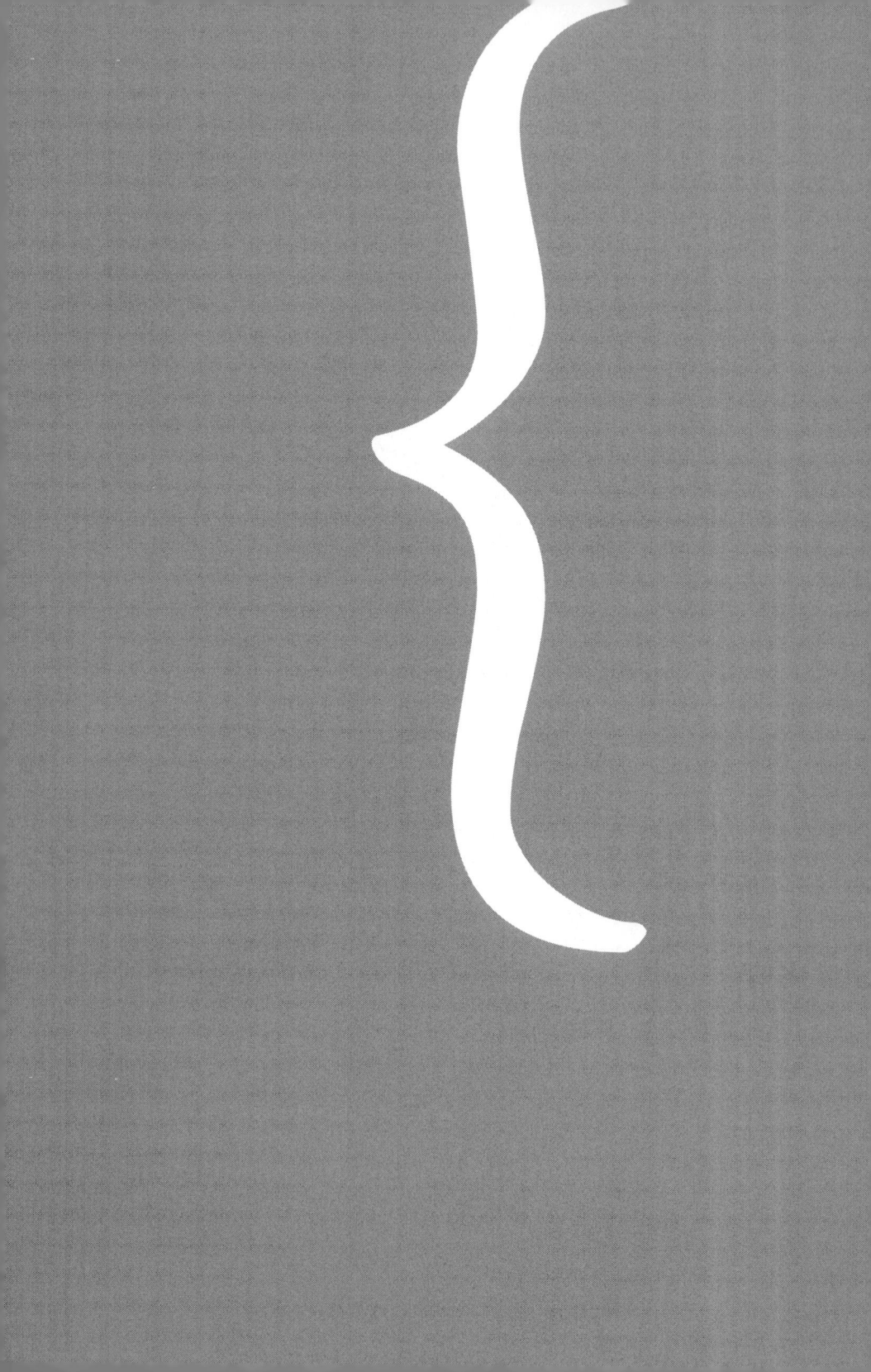

NESTE CAPÍTULO INICIAL, temos como objetivo apresentar o conceito de materiais didáticos, suas funções e seus formatos. Com esse estudo, pretendemos discutir algumas diferenças comuns entre materiais didáticos, livros didáticos e unidades temáticas/unidades didáticas/sequências didáticas. Mostraremos ainda o ponto de vista de alguns autores que há muito tempo estudam esse tema e compartilharemos dados de uma pesquisa com professores de PLE/PL2 em que eles expõem os tipos de materiais didáticos que utilizam em suas aulas. Diante desses dados, faremos uma breve análise dos resultados, com o intuito de levantar questionamentos e suposições sobre quais são os materiais mais usados e quais são considerados ideais pelos professores que participaram da enquete. Finalizaremos o capítulo com informações sobre o perfil de alunos de PLE/PL2 e forneceremos mais informações sobre o ensino em imersão.

De modo geral, este capítulo dá suporte a todos os outros, pois contém muitos conceitos e reflexões que serão usados no decorrer desta obra. Além disso, procuramos tratar de questões práticas que envolvem a escolha de materiais didáticos e o entendimento de seu conceito e de suas funções.

umpontoum
Materiais didáticos: o que são e quais são suas funções?

Quando falamos em materiais didáticos, estamos nos referindo a um universo amplo de artefatos. É provável que qualquer objeto possa ser usado como viabilizador da aprendizagem. Essa visão abrangente é também compartilhada por Ramírez Salas (2004, p. 2, tradução nossa), quando afirma que os materiais didáticos podem ser "qualquer coisa empregada por professores e alunos para facilitar a aprendizagem". Parece, então, não haver limites para aquilo que os professores podem utilizar para atingir seus objetivos ou para tentar atingi-los. Diante disso, surge a questão: O que faz com que um simples objeto possa ser usado para fins didáticos? Essa pergunta nos instiga a pensar em um elemento transformador, que pode ser a criatividade, a necessidade ou mesmo o desejo de inovar e tornar compreensíveis ideias e conteúdos. Mas essa transformação ocorre em que momento? Bem, temos aqui mais uma pergunta e queremos convidar você, leitor, a refletir conosco, pois estamos diante de uma questão desafiadora e essencial nos estudos sobre materiais didáticos. Acreditamos que o olhar do professor é o elemento-chave no processo de elaboração de materiais didáticos, pois, ao observar determinado objeto (também música, filme, livro, texto, foto, propaganda, entre outros), consegue perceber sua utilidade no contexto de sala de aula. Nesse sentido, o professor pode ser equiparado a um carpinteiro ou a um escultor, que transformam um material bruto, como madeira e barro, em outro objeto, com outra função e com refinamentos estéticos.

Vamos analisar alguns exemplos para entender melhor essa ideia. Imagine uma aula de português brasileiro como língua estrangeira em imersão*, ou seja, no Brasil. Imagine ainda que estamos ensinando para alunos iniciantes de níveis básicos e levamos para a aula muitas frutas. Podemos pedir aos alunos que levem alguns exemplares e até mesmo planejar juntos quem leva o quê. Na sala de aula, começamos perguntando o que os alunos trouxeram e quanto pagaram; na sequência, escrevemos no quadro o nome de cada fruta e, ao lado, com a ajuda dos alunos, descrevemos suas características – cor, tamanho, textura, se tem casca ou não, se tem semente ou não, como pode ser preparada ou ingerida. Além disso, devemos propor atividades interculturais, pedir que falem se aquelas frutas também são comuns nos seus países, se são mais baratas ou mais caras do que no

---

* O ensino em imersão refere-se ao ensino de uma língua estrangeira no país ou lugar onde ela é oficial e falada nas relações sociais. O ensino não em imersão, por sua vez, faz referência ao ensino da língua fora do espaço onde ela é falada oficialmente. Vale ressaltar que pode haver ainda situações híbridas, como estar em um país estrangeiro e conviver na maior parte do tempo com compatriotas e falar sua língua materna, condição que pode ser classificada como uma imersão parcial.

Brasil; podemos solicitar que falem sobre suas preferências, de quais frutas gostam, de quais não gostam e também quando as consumiram pela primeira vez ao chegar ao Brasil. Depois de tudo isso, fazemos uma salada de frutas e, claro, vamos comê-la; ainda, como produção de texto, podemos pedir aos alunos que façam uma pesquisa sobre alguma fruta exótica ou sobre a origem de uma fruta comum, que escrevam uma receita culinária, que postem fotos do preparo da sobremesa e comentem como foi prepará-la.

Por meio da atividade descrita, podemos explorar diversos conteúdos linguísticos, tais como:

- relato de experiências (formas verbais do presente e do passado, advérbios de frequência, tempo e modo);
- compartilhamento sobre preferências;
- comparações e descrições;
- descrição de etapas de realização ou produção de algo;
- orientações sobre a elaboração de um prato ou mesmo de algo mais simples, como a produção de um suco.

Como é possível observar, na descrição da atividade não mencionamos o fornecimento de nenhum material impresso ou livro didático com leituras ou exercícios. Contudo, poderíamos perfeitamente ampliar a proposta, elaborando uma sequência de atividades como leitura de textos, questões para conversação, discussão e também tarefas e exercícios para serem entregues aos alunos durante ou após a atividade.

Com essa sugestão de atividade, vimos que há muitas possibilidades para explorar materiais diversos para que a aprendizagem seja significativa. Percebemos que nessa atividade não há questões com perguntas de averiguação do conhecimento que os alunos têm; o professor vai construindo o conhecimento por meio de perguntas que visam à interlocução, ou seja, o estímulo à participação e à interação. Conforme explica Vilaça (2009, p. 7), "os materiais didáticos devem contribuir de formas variadas para que a aprendizagem seja bem-sucedida e, se possível, rápida, prazerosa e significativa".

Seguindo essa linha de pensamento, podemos perceber que os materiais didáticos têm funções muito importantes e que são essenciais para viabilizar a aprendizagem. De acordo com Almeida Filho (2013, p. 14), são "deflagradores de interação motivada e relevante". Uma definição também bastante interessante sobre as práticas de ensino foi apresentada pelo filósofo e pedagogo Comenius, que publicou uma das obras fundadoras da pedagogia moderna, *A didática magna*, em 1631. Esse autor proporcionou grandes avanços para a pedagogia, ao propor a "racionalização de todas as ações educativas, indo da teoria didática até as questões do cotidiano da sala de aula" (Ferrari, 2008). Comenius comparou as propostas de ensino a partituras musicais, argumentando que os professores executam qualquer sinfonia olhando para suas "partituras". Essa comparação nos dá a ideia de que os materiais didáticos são como planos para uma execução futura. Almeida Filho (2013, p. 13) também compara materiais de ensino a partituras: "escrever uma partitura inclui tradicionalmente a codificação de ações premeditadas ao redor de conteúdos previstos para as unidades".

Para concluirmos esta seção, queremos destacar o fato de que produzir materiais didáticos é um trabalho complexo e que exige muito dos professores, seja quanto à disponibilidade de tempo para a produção, seja quanto à realização de estudos para o planejamento e a definição de linhas teóricas a seguir. Além disso, temos de citar o pouco incentivo por parte de instituições tanto públicas como privadas para a produção de materiais didáticos de PLE/PL2. No entanto, diante dessas dificuldades, devemos apelar ainda mais para nossa criatividade e pensar em alternativas que viabilizem nossas aulas.

umpontodois
Qual é o melhor formato para os materiais didáticos de ensino de línguas?

Antes de refletirmos sobre o melhor formato para os materiais didáticos, vamos apresentar uma classificação com diferentes tipos de materiais. Como vimos na seção anterior, qualquer coisa pode ser usada para fins educacionais e pedagógicos, porém os livros didáticos ou manuais de ensino constituem-se em materiais didáticos por excelência. Ao iniciarmos um curso, logo pensamos em qual livro ou método será utilizado. Em alguns casos, é o conteúdo do livro que constitui o programa do curso, ou seja, o livro não funciona simplesmente como um material que deverá atender às necessidades de determinado curso, e sim como a essência desse curso. Observe que em muitos casos ocorre essa alteração de papéis.

Sabemos que alguns materiais são compilados especialmente para as aulas de línguas, enquanto outros que não tinham esse objetivo são usados como opoio ou suporte para as aulas. Chamaremos os primeiros de *materiais específicos* e os demais de *materiais com fins diversos*, como consta no Quadro 1.1.

Quadro 1.1 – Classificação de materiais didáticos para o ensino de línguas

Materiais específicos, produzidos especialmente para o ensino de línguas	Materiais com fins diversos, autênticos e que foram elaborados não necessariamente para situações didáticas
1. Livro didático	1. Filmes
2. Fotocópia de livro didático	2. Livros
3. Material apostilado	3. Revistas
4. Unidades temáticas/didáticas ou sequências didáticas elaboradas pelos professores	4. Jornais
	5. Gibis
	6. Manuais
5. Atividades avulsas (complementares)	7. Folhetos (material publicitário em geral)
6. Conteúdo para EaD (educação a distância)	8. Músicas
	9. Vídeos e áudios
7. Áudios e vídeos produzidos para o ensino	10. Conteúdo da internet
	11. Jogos em geral
8. Quadro de sala de aula (seja qual for a cor)	
9. Quadro interativo digital	
10. Jogos didáticos	

Ainda devemos observar que muitos livros didáticos contêm textos autênticos no desenvolvimento de seu conteúdo. Os textos chamados *autênticos* são aqueles que não foram produzidos especificamente para fins didáticos. Podemos encontrá-los em diversas fontes disponíveis na sociedade em geral. É o caso de jornais e revistas semanais, por exemplo. Essas publicações, embora possam ter intenções didáticas, não são produzidas (nem vendidas) para serem usadas exclusivamente em sala de aula. O termo *autêntico* denota a ideia de algo cuja autoria é certificada ou comprovada. Esses textos diferenciam-se de algumas produções textuais elaboradas por professores ou produtores de materiais didáticos especificamente para fins didáticos. Essas propostas, em geral, são artificiais e facilitadas e, quando os alunos se deparam com textos "autênticos" nas interações reais fora das aulas, têm muita dificuldade em compreendê-los. Vamos explorar mais esse assunto no Capítulo 4, ao tratarmos do uso de textos em materiais didáticos e nas aulas de PLE/PL2.

Nesta seção, vamos analisar quais seriam os melhores formatos de materiais didáticos para o ensino de PLE/PL2. Uma dúvida sempre presente para os professores é se devem adotar um livro didático publicado ou não. Se a opção for adotar, qual seria? No caso do ensino de PLE/PL2, as opções não são muitas e, por isso, de certa forma, fica mais fácil tomar decisões. Por outro lado, quando há poucas opções, existem muitas restrições e um grande prejuízo para o desenvolvimento de cursos e aulas.

Apontar um tipo de material didático como o melhor para as aulas de PLE/PL2 é provavelmente controverso. Cada professor e mesmo cada instituição deve fazer suas escolhas com base no que considera adequado para o perfil e seus alunos.

Em pesquisa realizada por Perin Santos (2020, no prelo)* com professores de PLE/PL2 atuantes em diferentes cidades do Brasil e com alunos adultos, a maioria dos docentes responde que os materiais mais utilizados por eles/elas são:

1º "Músicas, filmes, vídeos, áudios, conteúdos de *sites*, *blogs* e *podcasts*."
2º "Atividades complementares em folhas soltas, incluindo também unidades didáticas/temáticas."
3º "Apostilas ou material apostilado elaborado pelo(a) próprio(a) professor(a) ou por outros(as) professores(as)."

O Gráfico 1.1 ilustra os resultados.

---

* A pesquisa foi elaborada pela autora deste livro e enviada para professores de PLE/PL2 atuantes no Brasil e no exterior, no período de setembro de 2018 a maio de 2019. No total, registraram-se 49 respostas.

Gráfico 1.1 – Pergunta 1 – Que materiais didáticos você normalmente usa em suas aulas de PLE? (Você pode escolher mais de uma alternativa)

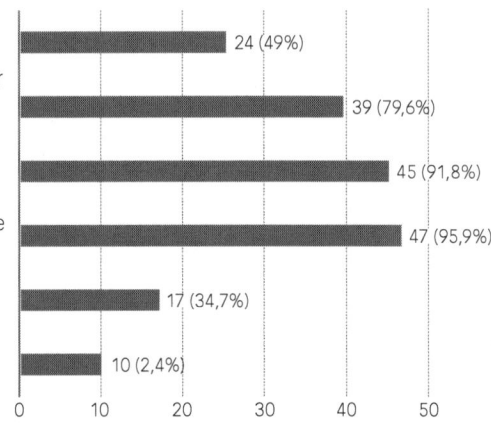

1. Livro didático publicado — 24 (49%)
2. Apostila ou material apostilado elaborado por você ou por outros(as) professores(as) — 39 (79,6%)
3. Atividades complementares em folhas soltas, incluindo também unidades didáticas/temáticas — 45 (91,8%)
4. Músicas, filmes, vídeos, áudios, conteúdos de sites, blogs e podcast — 47 (95,9%)
5. Ferramentas como: redes sociais, ferramentas wiki, moodle, padlet e outras ferramentas ou aplicativos — 17 (34,7%)
6. Jogos impressos e eletrônicos — 10 (2,4%)

FONTE: Perin Santos, 2020. No prelo.

As opções enviadas para os professores são apresentadas a seguir.

> 1. Que materiais didáticos você normalmente usa em suas aulas de PLE? (Você pode escolher mais de uma alternativa)
> ( ) Livro didático publicado
> ( ) Apostila ou material apostilado elaborado por você ou por outros(as) professores(as)
> ( ) Atividades complementares em folhas soltas, incluindo também unidades didáticas/temáticas

( ) Músicas, filmes, vídeos, áudios, conteúdos de *sites*, *blogs* e *podcast*
( ) Ferramentas como: redes sociais, ferramentas *wiki*, *moodle*, *padlet* e outras ferramentas ou aplicativos
( ) Jogos impressos e eletrônicos

Aqui consideramos as unidades didáticas ou unidades temáticas como uma sequência de atividades em torno de um tema central, incluindo diversas propostas com o intuito de explorar as habilidades de compreensão e produção textual. Podem também estar presentes atividades de reflexão gramatical e exercícios de sistematização linguística. Geralmente, são de cinco a oito páginas de atividades. Também são chamadas de *sequências didáticas*.

Neste primeiro capítulo, temos usado as palavras *atividade* e *exercício*. Fazendo uma distinção entre elas, entendemos que exercícios são propostas que visam sistematizar estruturas linguísticas, enquanto atividades são propostas variadas normalmente elaboradas para o desenvolvimento da aprendizagem, mas que podem até envolver exercícios e tarefas. Já tarefas são produções de textos (orais, escritos e mesmo não verbais) mais elaboradas, as quais são significativas para o aluno, pois são possíveis no mundo real e se configuram mediante determinados gêneros textuais/discursivos.

Voltando à pesquisa mencionada, observamos que a opção pelo livro didático não está entre as três primeiras respostas, o que pode ser um indício de não haver livros didáticos de PLE de qualidade ou que atendam às especificidades dos alunos. Por essa razão, os professores precisam elaborar seus materiais. No entanto, curiosamente, na segunda pergunta feita na pesquisa, um número significativo de participantes afirmou ser ideal a utilização de um livro didático e fazer complementações buscando-se atender às necessidades dos alunos. Observe no Gráfico 1.2 as respostas obtidas na pesquisa.

GRÁFICO 1.2 – PERGUNTA 2 – O QUE VOCÊ CONSIDERA IDEAL PARA AS SUAS AULAS (APENAS UMA OPÇÃO)

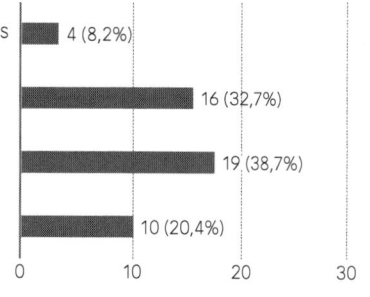

1. Produzir todo o material ou atividades a serem usadas no curso — 4 (8,2%)
2. Adotar um livro didático e fazer complementações procurando atender às necessidades dos alunos — 16 (32,7%)
3. Usar apostilas/atividades elaboradas para determinado público-alvo e continuamente serem revisadas — 19 (38,7%)
4. Não fornecer materiais/atividades previamente elaboradas, mas construir projetos juntamente com os alunos — 10 (20,4%)

FONTE: Perin Santos, 2020. No prelo.

As opções disponíveis para os professores são mostradas a seguir?

> **2. O que você considera ideal para as suas aulas (Apenas uma opção)**
> ( ) Produzir todo o material ou atividades a serem usadas no curso
> ( ) Adotar um livro didático e fazer complementações procurando atender às necessidades dos alunos
> ( ) Usar apostilas/atividades elaboradas para determinado público-alvo e continuamente serem revisadas
> ( ) Não fornecer materiais/atividades previamente elaboradas, mas construir projetos juntamente com os alunos

Como revela o Gráfico 1.2, o item mais votado foi o uso de apostilas/atividades elaboradas especialmente para um público-alvo. Essa opção corrobora o pensamento de que o ideal é a produção de materiais específicos para públicos específicos. Exploraremos melhor esse assunto no Capítulo 5.

Na sequência, vamos refletir sobre uma dúvida frequente que está relacionada ao tipo de material didático a ser adotado em nossas aulas de PLE/PL2.

umpontotrês
Vantagens e desvantagens em adotar um livro didático

Os livros didáticos estão intimamente ligados à existência de cursos de línguas. Trata-se de um instrumento importante e que há muito tempo vem representando o conhecimento e dando as diretrizes para as práticas diárias de ensino. Pereira (2013, p. 115) relata que seu interesse em estudar livros didáticos vem da seguinte constatação:

> na sociedade em que vivemos, onde o letramento está íntima e intrinsecamente ligado à noção de desenvolvimento, progresso, capacidade intelectual e sucesso pessoal, o livro, e em especial o livro didático – instrumento ainda imprescindível e representativo dessa atividade –, assumem importância crucial.

Esse depoimento destaca a relação entre livro didático e progresso e desenvolvimento. Se você se lembrar do início de algum curso de língua ou mesmo das aulas de língua na escola regular, é provável que tenha usado um livro didático. O primeiro contato que temos com esses materiais é, em geral, de grande expectativa. Os livros novos têm certa magia, cheiro de novo, e seu formato, suas cores e imagens despertam nossa curiosidade. No decorrer do ano letivo ou do curso, na maioria dos casos, esse interesse vai diminuindo, mas o que percebemos é que esses materiais têm grande participação no percurso das aulas. Houve um tempo em que o acesso a esses livros era muito mais necessário para o desenvolvimento do processo de ensino-aprendizagem. Atualmente, com o fácil acesso à internet e a popularização de computadores e impressoras, o contato com imagens e textos (orais e escritos) em língua estrangeira ampliou-se, bem como a possibilidade de contato com conteúdos linguísticos e culturais de outros países e línguas.

Do ponto de vista do ensino, a adoção de um livro didático pode ser um grande facilitador, pois a "espinha dorsal" do curso está compilada e o professor pode, então, fazer complementações, adequando-se ao perfil ou necessidades dos alunos.

Para os estudantes, de modo geral, ter um livro didático parece algo consumado como o ideal para quem inicia um curso de línguas. Esses manuais são coloridos e atraentes, como já descrevemos. Não ter um livro e receber a cada aula folhas avulsas fotocopiadas, elaboradas pelos professores, muitas vezes sem recursos visuais e diagramação adequada, geralmente resulta em um panorama no qual não se dispõe de uma boa apresentação, sequência e progressão da proposta de ensino.

Todo livro didático publicado passa por várias etapas de elaboração e análise e, por mais deficitário que seja – isso em aspectos diversos, como sua abordagem teórica e formatação –, constitui-se em um plano-guia, representando um direcionamento possível. O fato de ser uma publicação em formato de livro, por si só, proporciona um aspecto de organização e qualidade.

No entanto, as expectativas que, normalmente, alunos e professores têm em relação a um livro didático e, sobretudo, aos livros de PLE/PL2 podem não se confirmar ao longo do curso. É possível que, em algum momento, professores e alunos percebam que o livro adotado não atende a seus interesses e, ao contrário de ser um apoio ou guia, torna-se uma "camisa de força", ou seja, ficamos obrigados a utilizá-lo, porém nem professor nem alunos estão estimulados a segui-lo. Isso já aconteceu com você? Adotar um livro, ter expectativas e, em determinado momento do curso, sentir-se preso a ele? Pois bem, o que fazer numa situação dessas? São questões assim que nos levam a pensar que devemos analisar detalhadamente o livro antes de defini-lo como material-guia, mesmo sabendo que é só na prática que surgem situações capazes de testar ou verificar o potencial efetivo do material. Ainda, pode haver perfis de alunos que aceitam bem determinados livros, enquanto outros não (vamos explorar o perfil de alunos de PLE/PL2 nas próximas seções).

Voltando ao último questionamento apresentado, vemos que, ao perceber que um livro não atende aos objetivos propostos em determinado curso, a alternativa mais provável é que os professores passem a fazer complementações diversas, com atividades elaboradas, leituras, trabalhos com filmes, músicas, ou até mesmo mudem o estilo do curso e passem a explorar tópicos de história ou da cultura brasileira.

O formato dos conteúdos nos livros didáticos publicados, em geral, inclui a exploração das quatro habilidades (compreender e produzir textos orais e escritos), e sua abordagem de ensino é comunicativa ou de alguma vertente dessa abordagem. Além disso, e talvez o mais importante, é que pretendem atender a públicos diversos. Por outro lado, as publicações feitas no exterior tendem a atender a um perfil específico de alunos. Podemos ver livros de português para estrangeiros publicados no Japão, na Alemanha, nos Estados Unidos e no Paraguai voltados às necessidades de seus falantes. Essa parece ser uma tendência dos materiais produzidos para o ensino não em imersão.

    É importante refletirmos sobre o que diferencia um livro didático para alunos hispanos de um para alunos japoneses, por exemplo. Mesmo que em ambos os casos os alunos nunca tenham estudado português, os falantes de espanhol terão a possibilidade de compreender textos escritos e interações orais com muito mais facilidade do que japoneses, que nunca estudaram uma língua neolatina. Além disso, exercícios de pronúncia que diferenciem os fonemas [l] e [ɾ], por exemplo, são mais necessários para os japoneses, e não para os falantes de espanhol, pois estes usam tais fonemas de modo semelhante ao observado na língua portuguesa. Então, um material para o ensino de PLE/PL2 para hispanofalantes em nível iniciante pode conter textos relativamente longos, como notícias, e também discussões mais aprofundadas. Já com alunos falantes de línguas distantes*, o desenvolvimento de um curso é mais lento por várias razões, entre elas o formato de escrita e particularidades da pronúncia, da entonação e da sintaxe. Entretanto, isso não significa que não possamos trabalhar textos

---

* Consideramos aqui línguas distantes do português aquelas que, em especial, apresentam escrita muito distinta, como no caso das línguas chinesa, japonesa, coreana, árabe e tailandesa, por exemplo. Também incluímos nesse grupo línguas que, embora usem o alfabeto latino, são tonais e têm uma sintaxe que difere da do português, como é o caso da língua vietnamita.

autênticos logo no início das aulas com alunos japoneses. Isso é possível, mas sem exigir a velocidade de compreensão que alunos falantes de espanhol provavelmente terão. As línguas neolatinas, sobretudo o espanhol e o português, têm certa transparência entre elas, o que permite aos falantes compreender ou identificar um bom número de vocábulos. Dessa forma, observe que, se os conteúdos de um livro didático avançarem muito lentamente, poderão ser adequados ao ritmo de aprendizagem de falantes de línguas distantes, mas serão pouco estimulantes para alunos hispanófolos.

Na pesquisa realizada com professores de PLE/PL2 e comentada anteriormente, como mostra o Gráfico 1.1, um número significativo de entrevistados respondeu que utiliza o livro didático, porém um número maior respondeu que usa material apostilado elaborado por si próprio ou por outros professores. A utilização de material próprio e apostilado pode ser indício de muitos fatores. A seguir, vamos analisar algumas possibilidades.

Se os professores produzem o material para todo o curso e o compilam em uma apostila, podemos inferir que não estão satisfeitos com os livros didáticos publicados e disponíveis no mercado ou que gostam de elaborar os materiais para suas aulas pois se sentem mais à vontade com materiais próprios. É possível ainda considerar que produzir os próprios materiais permite maior liberdade de utilização de textos variados.

Uma grande vantagem de produzir os próprios materiais é que o professor se sente mais confortável no momento de aplicar a proposta, pois foi ele/ela quem concebeu a ideia e poderá explorá-la amplamente. Quando precisamos aplicar o material que outra pessoa produziu, nem sempre conseguimos entender os objetivos e as intenções da atividade. Podemos afirmar que existe um *gap* ou uma lacuna entre quem produz e quem aplica determinada proposta, por isso a importância de o autor fornecer um descritivo ou orientações de aplicação.

Queremos ainda levantar outra questão em relação à aplicação de materiais: a limitação que porventura pode acontecer quando o material (atividade, unidade temática/didática, sequência didática, livro didático ou apostila) é produzido apenas por um professor ou professora. Essa prática é questionável, pois temos aí apenas um olhar do que é necessário e do que pode ser efetivamente adequado para determinados públicos. Quando um grupo de professores trabalha junto, esquecendo possíveis divergências, é possível obter como resultado propostas mais diversificadas, com menos risco de refletirem um ponto de vista unilateral.

umpontoquatro
Práticas de ensino de línguas sem a utilização de materiais didáticos previamente elaborados

Nesta seção, queremos destacar a possibilidade de elaboração e execução de cursos de línguas e, em especial, de PLE/PL2 sem a utilização de um livro ou apostila pré-concebidos. Conforme vimos na Seção 1.2, os materiais específicos (guias) são aqueles elaborados especialmente para um curso de língua estrangeira;

geralmente apresentam etapas ou unidades, exploram diferentes habilidades comunicativas e têm como direcionamento uma ou várias abordagens teóricas.

Com a preocupação em realizar cursos que possam envolver a realidade dos alunos e desenvolver sua autonomia, bem como buscar alternativas para as aulas e cursos em que os professores não sejam "transmissores de conteúdos" e os alunos meros "receptores", surgiu a pedagogia de projetos. Essa abordagem tem como referência autores como Fernando Hernández e Montserrat Ventura (Hernández, 2004; Hernández; Ventura, 2017). Esses autores, ainda nos anos 1980, desenvolveram propostas destinadas a mudar a forma de ensinar na escola regular. Outra referência que contribuiu para trabalhos nessa mesma linha é Paulo Freire (1997). Sobre a pedagogia de projetos destinada ao ensino de jovens e adultos, uma publicação bastante organizada e interessante é a de João da Costa Cavalcante Filho (2016) e, especialmente sobre o ensino de português para estrangeiros, existem trabalhos realizados por Graziela Andrighetti (2006, 2012) e Gabriela Bulla (2007).

A proposta da pedagogia de projetos tem por base a valorização do ensino significativo. Segundo Calvalcante Filho (2016, p. 9), a pedagogia de projetos "se nutre do cotidiano para ser um referencial para a ressignificação da prática docente utilizando-se da pesquisa realizada por professores e alunos".

Para esclarecermos melhor do que trata a pedagogia de projetos, vamos descrever a seguir uma atividade realizada com alunos estrangeiros em imersão. A descrição desse trabalho está disponível em Santos (2009). A experiência consistiu em um concurso de fotografias realizado por alunos e professores de PLE em um centro de línguas. Ao longo do curso, várias etapas foram realizadas até alcançar o resultado, que foi uma exposição de fotos de alunos com o tema "Um olhar estrangeiro". Os alunos elaboraram vários textos e atividades até chegar à versão final do projeto.

Conforme explica Andrighetti (2006, p. 13), o sucesso do trabalho com projetos está diretamente ligado aos seguintes pontos: "definição do tema; o papel desempenhado pelos participantes do projeto; a reflexão sobre os limites de uma aula tradicional e uma aula com projetos; a integração das habilidades e dos participantes; o produto final e a avaliação". A autora destaca que todos esses itens devem ser cuidadosamente analisados pelo professor e pelos alunos e que "não há engajamento sem interesse, não há uma proposta interessante sem o conhecimento prévio dos envolvidos na realização dessa proposta, não há aprendizagem sem trocas, assim como produto final sem envolvimento".

Observamos que é importante para o sucesso dos projetos os alunos estarem cientes de algumas diferenças existentes entre uma aula tradicional ou convencional e uma aula organizada em projetos. O papel do professor aproxima-se do papel de mediador/orientador, mas também de motivador, afinal, os alunos precisarão de estímulo, pois eventualmente podem se sentir deslocados diante de uma proposta que exige mais autonomia dos alunos. Por essas razões, é necessário esclarecer os papéis e as funções de cada participante, monitorar as etapas de realização, criar calendários para a entrega de trabalhos, enfim, organizar o projeto de modo que todos estejam envolvidos e cientes de suas responsabilidades. Estamos destacando esses pontos porque muitos professores não se sentem motivados a desenvolver projetos justamente por acreditarem serem propostas muito "abertas". Esse ponto de vista pode ser comum principalmente quando os alunos têm pouca autonomia e estão acostumados com aulas convencionais. Aqui entendemos como estilo de aula convencional a maioria das aulas de línguas, em que se utiliza e se segue um livro didático ou material apostilado.

As propostas baseadas na pedagogia de projetos requerem, tal como em outros formatos de curso, planejamento prévio, análise do perfil dos alunos e definição de objetivos. No decorrer do projeto, é preciso retornar ao planejamento e rever os propósitos, a fim de identificar carências e redirecionar os caminhos. Mesmo optando-se por uma linha de trabalho sem a utilização de um livro didático ou apostila, é possível que durante as aulas sejam feitas reflexões interculturais e gramaticais. Quando há dificuldades, essas situações podem ser aproveitadas para estudos acerca da funcionalidade da língua e de sua adequação em determinados textos. Situações significativas e práticas reais de comunicação estão entre as principais finalidades dessa proposta. Talvez a maior diferença em relação às aulas convencionais seja o resultado final. Ao concluir um projeto, é necessário chegar a um objetivo maior e compartilhá-lo com outras pessoas. Desse modo, o curso não termina com a prova final, mas com um resultado construído colaborativamente que pode ser visto em *sites*, em material impresso nos corredores da escola, em revistas impressas, em peças de teatro, em apresentações ou exposições.

Podemos citar ainda algumas linhas de trabalho que não utilizam livros didáticos, usando-se materiais autênticos para leitura, discussão e produção de textos. Dessa forma, não se permanece preso a um livro didático. É possível optar por fazer leituras de temas da atualidade, análise de textos literários, filmes e músicas. Igualmente, um trabalho muito rico pode surgir, no entanto isso exige certo conhecimento linguístico e também aceitação por parte dos alunos. É provável que alguns alunos tenham dificuldade de se adaptar. Para os professores, isso também pode ser muito mais exigente, principalmente para os iniciantes. Devemos considerar ainda que os alunos, ao procurarem aulas ou cursos, têm grande ansiedade em aprender e ver resultados em sua proficiência. Então, é necessário criar mecanismos de percepção do desenvolvimento da aprendizagem, como questões de autoavaliação ou análise das produções.

As possibilidades de abordagens e propostas a serem utilizadas para o ensino de línguas são bastante variadas. Identificar qual é a mais adequada para nosso público não é uma decisão tão simples, por isso devemos continuamente refletir sobre o perfil dos alunos, suas necessidades, seus objetivos com as aulas e o lugar aonde querem chegar. A decisão sobre qual abordagem seguir pode ser tomada juntamente com os estudantes no início dos cursos, principalmente nos casos em que existem vários perfis em um mesmo grupo. Mudanças no decorrer do percurso também são bem-vindas; quando o aprendizado não está se desenvolvendo muito bem, devemos pensar em novas alternativas e, para isso, precisamos conhecer possibilidades a serem consideradas em momento oportuno.

Queremos concluir esta seção com uma citação que é quase uma provocação para quem é interessado na produção de materiais para o ensino:

> Embora o livro didático seja peça material chave [...] por conter a engenharia de ações previstas para um ensino ocorrer da maneira como pensamos, não é peça suficiente para explicar tudo que facilitou (facilita) uma aprendizagem: há outras formas de sustentação na aula e sua extensão – material produzido com registro no quadro, conteúdos complementares, insumo gerado na mediação, reflexão geradora de novas ações, para mencionar algumas (Gottheim, 2013, p. 55)

Essa autora chama atenção para outras práticas que são comuns nas aulas e não estão ligadas diretamente ao livro didático. Com isso, ela nos faz lembrar que as aulas de línguas, de modo geral, vão muito além do que é proposto pelo livro didático adotado.

umpontocinco
Perfil dos alunos de PLE/PL2

Concluiremos este capítulo com informações relacionadas ao perfil dos alunos de PLE/PL2. Como vimos nas seções anteriores, a escolha do material didático deve-se muito à análise de quem são os alunos, do que precisam para melhorar sua proficiência, de quais são seus objetivos com o aprendizado da língua, entre outras observações.

Vamos nos ater primeiramente ao ensino em imersão. Como mencionamos anteriormente, trata-se do ensino no país onde essa língua é oficial e falada nas diversas interações sociais em que o aluno estiver inserido. Esse é o caso dos estudantes estrangeiros que vivem no Brasil. As razões pelas quais essas pessoas procuram cursos de português em geral é a mesma – querem se comunicar bem na língua do país em que estão vivendo, trabalhando, estudando ou apenas conhecendo. No entanto, se pesquisarmos mais a fundo, veremos que os alunos têm necessidades mais urgentes e interesses que podem variar significativamente de um público a outro. Especialmente para quem está em imersão, a ansiedade em falar a língua é bastante grande, pois precisa se relacionar com as pessoas e, em alguns casos, procurar trabalho ou frequentar aulas em universidades ou escolas. Diante dessa situação, é preciso fazer uma avaliação, juntar informações que possam ajudar na organização do curso ou mesmo pensar em alternativas para auxiliar os estudantes.

A seguir, apresentamos alguns perfis de estudantes em imersão.

Perfis dos alunos de PLE/PL2 em imersão

Estudantes intercambistas e pesquisadores

São estudantes ou professores de universidades estrangeiras que passam um período no Brasil estudando ou pesquisando também em alguma universidade. Geralmente, permanecem no país por seis meses.

Refugiados e apátridas (migrantes)

São pessoas que vêm ao Brasil em procura de trabalho ou abrigo porque seu país natal vive situações de desastres naturais, conflitos, guerras ou dificuldade econômica.

Expatriados

São funcionários de empresas – em sua maioria, multinacionais – que por um período de tempo permanecem no Brasil desenvolvendo atividades profissionais e necessitam aprender a língua em nível mais aprofundado, dependendo do tipo de função que exercerão.

Corpo diplomático

São funcionários de embaixadas e consulados.

Familiares de expatriados

São as pessoas da família que acompanham o(a) funcionário(a) de determinada empresa ou instituição. Se forem crianças ou adolescentes, frequentarão escolas regulares ou internacionais.

Os adultos geralmente fazem cursos em institutos de línguas ou aulas individuais e particulares. As(os) esposas(os) apresentam um perfil bastante específico. Geralmente, relacionam-se entre compatriotas e familiares.

Relacionamentos afetivos

São pessoas que vêm ao Brasil por ter um(a) companheiro(a) ou cônjugue brasileiro.

Religiosos(as)
São pessoas pertencentes a diversas correntes religiosas que estão destinadas a ficar um período de tempo em outros países em alguma missão ou para estudos.

Professores(as) leitores(as)
São professores de universidades estrangeiras que ficam por algum tempo no Brasil trabalhando em universidades ou instituições de ensino.

Estudantes, turistas e interessados em cultura brasileira
São pessoas que, por permanecerem determinado tempo no Brasil por turismo, se interessam pela cultura e pela língua do país. Também incluímos nesse grupo pessoas que se interessam por música brasileira ou outro aspecto de nossa cultura ou desenvolvem estudos sobre esses temas.

Interessados em fixar residência no Brasil
São pessoas ou famílias que, por alguma razão de identificação ou interesse pessoal, optam por fixar residência no país e, assim, estudam, trabalham e convivem socialmente.

Voluntários ou funcionários de instituições sociais
Esse perfil de estudantes está relacionado a pessoas que se deslocam para diferentes países com a intenção de desenvolver alguma atividade de cunho voluntário em instituições sociais ou organizações não governamentais (ONGs).

Filhos(as) ou netos(as) de brasileiros(as)

Trata-se de descendentes de brasileiros(as) que saíram do Brasil em décadas passadas e, depois de determinado tempo, querem melhorar seu português ou mesmo aprender a língua e reaproximar-se da cultura brasileira.

Esportistas e interessados em futebol

São profissionais no campo esportivo que vêm ao Brasil para trabalhar ou ainda são interessados em atividades relacionadas ao futebol.

Destacamos os principais perfis de estudantes de PLE/PL2, porém é provável que existam outros perfis. Temos por objetivo aqui pontuar as principais necessidades desses grupos. De modo geral, podemos apontar como conteúdos básicos que consideramos importantes para todos os estudantes os listados a seguir:

- comunicar-se em situações sociais cotidianas (fazer compras, alugar moradia, entender o sistema de transporte público, pedir informações e ajuda, apresentar-se, descrever pessoas e lugares, relatar fatos etc.);
- ler e discutir notícias e atualidades;
- ler e discutir diferenças culturais, cultura brasileira e sua diversidade, literatura e história do Brasil;
- ter acesso a informações sobre viagens e turismo;
- entender o funcionamento de atividades profissionais no Brasil, dependendo da área em que atuam;

- interagir com colegas e professores, seja no trabalho, seja no ambiente universitário;
- conhecer o sistema político e educacional do Brasil, bem como instituições públicas de auxílio ao emprego e à formação profissional;
- apresentar seminários, pesquisas ou estudos realizados;
- realizar provas, trabalhos ou produzir textos técnicos escritos em português formal;
- fazer leituras em uma área específica e de textos em geral.

É necessário que o professor observe a relevância de cada conteúdo a ser trabalhado, pois no momento em que os estudantes chegam ao país precisam praticar conhecimentos básicos para que possam expressar-se e relacionar-se socialmente. São as conhecidas aulas de sobrevivência. Depois dessa fase, é possível, então, pensar em conteúdos mais direcionados. Nesse sentido, seria inadequado, por exemplo, insistir em atividades sobre viagens e turismo para pessoas que precisam procurar trabalho e entender o funcionamento de alguns serviços públicos essenciais.

Quanto aos cursos ou aulas para estrangeiros fora do Brasil, ou seja, o ensino não em imersão, são muitas as possibilidades de perfis. De modo geral, o desenvolvimento da aprendizagem costuma ser mais lenta, pois os estudantes não estão em contato diário com falantes da língua-alvo. Isso faz com que o esforço do aluno seja maior para que atinja um bom nível de proficiência. Em relação aos estudantes de PLE que estão fora do Brasil, podemos destacar alguns interesses comuns, entre outros: pretendem viajar para o país a turismo, estudo ou trabalho; trabalham em empresas brasileiras ou fazem negócios, principalmente de importação e exportação; têm amigos ou companheiros brasileiros; são interessados na cultura brasileira.

Cursos de português brasileiro são oferecidos em muitas cidades em centros culturais ou Casas do Brasil, as quais são instituições ligadas a embaixadas ou a consulados. Além disso, é claro, existem cursos ofertados por escolas particulares.

Vamos detalhar melhor o perfil dos alunos de PLE/PL2 quanto às línguas que falam no Capítulo 4.

Síntese

Quando produzimos atividades ou materiais para o ensino, é provável que não consigamos elaborar algo completamente desvinculado de tudo o que já foi produzido, mas, ao mesmo tempo, precisamos propor algo que em alguma medida seja diferente ou inovador. Essa condição se constitui em um grande desafio e também está ligada às contradições que acompanham a tomada de decisões em torno da produção de materiais didáticos.

No decorrer deste capítulo nos propusemos a refletir sobre diversos aspectos relacionados ao conceito de materiais didáticos, suas funções e características. Procuramos destacar ainda algumas questões práticas relativas à escolha e à análise de propostas de ensino para aulas de línguas.

Também apresentamos alguns dados referentes a uma pesquisa realizada com professores de PLE/PL2 por meio da qual pudemos evidenciar e inferir alguns resultados relacionados à preferência quanto aos materiais que utilizam, ao que consideram ideal para suas aulas e ao que esperam de manuais ou atividades. A pesquisa contou com respostas de professores de várias cidades brasileiras e que lecionam para diferentes perfis de alunos, mas que em sua maioria estão em imersão. Procurou-se levantar informações sobre as escolhas e as preferências dos docentes que responderam ao questionário.

Buscamos ainda, neste capítulo, fornecer informações gerais sobre o perfil de alunos de PLE/PL2. Destacamos que a escolha de materiais deve estar atrelada ao perfil dos alunos, sendo necessário, para isso, considerar cuidadosamente os objetivos das aulas e os conteúdos mais apropriados.

Atividades de autoavaliação

1. Todos nós já utilizamos algum tipo de material didático em nossa vida estudantil. Esse recurso gera muita inovação para o ensino de modo geral e proporciona o desenvolvimento da aprendizagem. A respeito do uso de materiais didáticos para o ensino de línguas e de acordo com o texto do capítulo, analise as afirmativas a seguir.
   I. Qualquer objeto ou artefato pode ser usado como material didático.
   II. A função dos materiais didáticos é viabilizar a aprendizagem de modo significativo e prazeroso.
   III. É o olhar criativo e inventivo do professor que transforma um objeto qualquer em material que possibilita a aprendizagem.
   IV. Podemos considerar como materiais didáticos apenas os livros didáticos publicados.

Agora, assinale a alternativa que indica as afirmativas corretas:
a. I, II e IV.
b. I, II e III.
c. Apenas I e II.
d. Apenas I e III.

2. Existem vários formatos de materiais didáticos, porém o que geralmente as pessoas e principalmente os alunos entendem como material didático por excelência é o livro didático. No entanto, os professores de PLE/PL2 tendem a produzir os próprios materiais em formato de unidades temáticas/didáticas ou sequências didáticas. Podemos classificar os materiais didáticos como materiais específicos ou guias e como materiais com fins diversos.

Considerando essas duas categorias, classifique os itens listados a seguir.

1) Materiais específicos (guias)

2) Materiais com fins diversos

( ) Unidades temáticas/didáticas e sequências didáticas.
( ) Livros didáticos.
( ) Filmes, livros, revistas, jornais, músicas.
( ) Conteúdos de curso para EaD.

Agora, assinale a alternativa que corresponde à sequência obtida:
a. 1, 1, 2, 1.
b. 1, 2, 2, 2.
c. 2, 1, 2, 1.
d. 2, 2, 1, 2.

3. Adotar um livro didático para o ensino de línguas é sempre uma questão a se discutir no planejamento de cursos ou aulas. A pouca disponibilidade de livros didáticos de PLE/PL2 publicados e as muitas especificidades de ensino vêm incentivando os professores a produzir os próprios materiais.

Considerando as vantagens e as desvantagens em adotar um livro didático, classifique os itens a seguir.

1) Vantagens

2) Desvantagens

( ) Os livros didáticos geralmente apresentam conceitos que asseguram sua organização pelo fato de serem impressos e, por isso, proporcionam grande expectativa sobre sua utilização.

( ) Os livros didáticos normalmente passam por análise e avaliação antes de sua publicação, o que reduz os erros de digitação e organização.

( ) Os livros didáticos são elaborados para um grande número de pessoas, o que reduz sua adequação e eficácia para o trabalho específico.

( ) Adotar um livro didático torna necessário utilizá-lo até o fim do curso e às vezes esse material pode se configurar como uma camisa de força, pois pode não atender totalmente às necessidades dos alunos.

Agora, assinale a alternativa que corresponde à sequência obtida:

a. 1, 2, 1, 2.
b. 2, 2, 1, 1.
c. 2, 1, 2, 2.
d. 1, 1, 2, 2.

4. Embora a preparação prévia de materiais didáticos seja muito estudada e valorizada no espaço do ensino de línguas, alguns cursos podem ser pensados a partir da elaboração de materiais e propostas no decorrer das aulas com vista à realização de projetos.

Sobre a não preparação de materiais previamente e a pedagogia de projetos, analise as afirmativas a seguir.

I. Deve haver um resultado final esperado com o projeto concluído.
II. Deve haver a definição de um projeto a ser desenvolvido e do papel dos participantes, bem como uma reflexão sobre o formato de uma aula tradicional e de uma aula com projetos.
III. Não há a necessidade de produzir atividades ou exercícios que auxiliem o andamento dos projetos.
IV. Deve haver engajamento e participação dos participantes para que os objetivos sejam atingidos.

Agora, assinale a alternativa que indica as afirmativas corretas:
a. I, II e IV.
b. II, III e IV.
c. Apenas I e II.
d. Apenas II e IV.

5. O ensino em imersão, em especial, apresenta um grande número de perfis de estudantes que diferem grandemente entre si. As aulas particulares ou para pequenos grupos tornam-se caras, e isso incentiva aulas com grupos de 8 a 12 alunos, ou talvez mais. Isso faz com que haja enorme variação de necessidades, características e perfis de alunos. Sabemos que o ideal é preparar materiais didáticos tendo em vista o perfil dos alunos.

Relacione os perfis dos alunos às respectivas descrições:

1) Intercambistas e pesquisadores.

2) Refugiados e apátridas.

3) Expatriados.

4) Religiosos.

( ) São pessoas que pertencem a instituições religiosas e passam um período em outros países para alguma missão ou para estudos.
( ) São estudantes universitários ou professores estrangeiros que ficam um período estudando em uma universidade brasileira.
( ) São pessoas que procuram uma vida melhor longe das dificuldades e da realidade de seu país. Geralmente, estão empregados ou procuram por algum trabalho.
( ) São funcionários de empresas que têm filiais ou uma representação de sua empresa no Brasil. Essas pessoas ficam por tempo indeterminado no país.

Agora, assinale a alternativa que corresponde à sequência obtida:

a. 3, 2, 1, 4.
b. 3, 1, 2, 4.
c. 4, 1, 2, 3.
d. 4, 2, 1, 3.

Atividades de aprendizagem

Questões para reflexão

1. Apresente duas características para cada tipo de material didático citado no quadro a seguir.

Material didático	Características
Livro didático publicado	1. 2.
Apostila com atividades elaboradas para determinado público	1. 2.
Partir de textos autênticos (escritos ou orais) e construir atividades específicas para cada grupo	1. 2.

2. Após o estudo do capítulo, reflita sobre as seguintes questões: Qual formato de materiais você julga mais apropriado para o público com o qual você trabalha? Caso você ainda não lecione, que formato de materiais você acredita ser mais apropriado para estudantes em imersão?

Atividades aplicadas: prática

1. Apresente dois conteúdos específicos a serem trabalhados com cada grupo de estudantes de PLE/PL2.

Perfil dos estudantes	Conteúdo específico ou direcionado
Estudantes intercambistas e pesquisadores	1. 2.
Refugiados e apátridas	1. 2.
Expatriados	1. 2.
Estudantes, turistas e interessados em cultura brasileira	1. 2.

2. Considerando o que foi abordado no capítulo a respeito da pedagogia de projetos e depois de analisar a situação descrita a seguir, apresente uma proposta de atividade para ser desenvolvida com alunos de PLE/PL2.

> "Hernández (2004) defende que atividades autênticas de aprendizagem sejam proporcionadas por meio dos projetos de trabalho, pois 'favorecem o tipo de habilidades de pensamento e de resolução de problemas que são importantes nos cenários fora da escola' (Hernández; Ventura, 2004, p. 3). Tal concepção sobre os projetos de trabalho contribui com uma exposição autêntica dos alunos à língua adicional, possibilitando que o professor proponha tarefas que envolvam o uso de diversos gêneros e a resolução de problemas que vão além do mote de conteúdos limitados que comumente compõem o currículo."
> (Farias, 2012, p. 34)

Descreva o projeto de acordo com as etapas indicadas a seguir:

Etapas	Descrição do projeto
Qual será o produto final?	
Qual será o papel a ser desempenhado pelos participantes do projeto?	
Quais habilidades serão exploradas?	
Quais serão as etapas de realização do projeto?	

um	Conceitos, definições e observações práticas sobre materiais didáticos
dois	**Reflexões sobre abordagens de ensino de PLE/PL2**
três	Exploração de gêneros textuais/discursivos nos materiais didáticos de PLE/PL2
quatro	Qual o espaço da gramática no ensino de PLE/PL2?
cinco	Critérios para análise de materiais didáticos para ensino de PLE/PL2
seis	Elaboração de unidades temáticas para o ensino de PLE/PL2

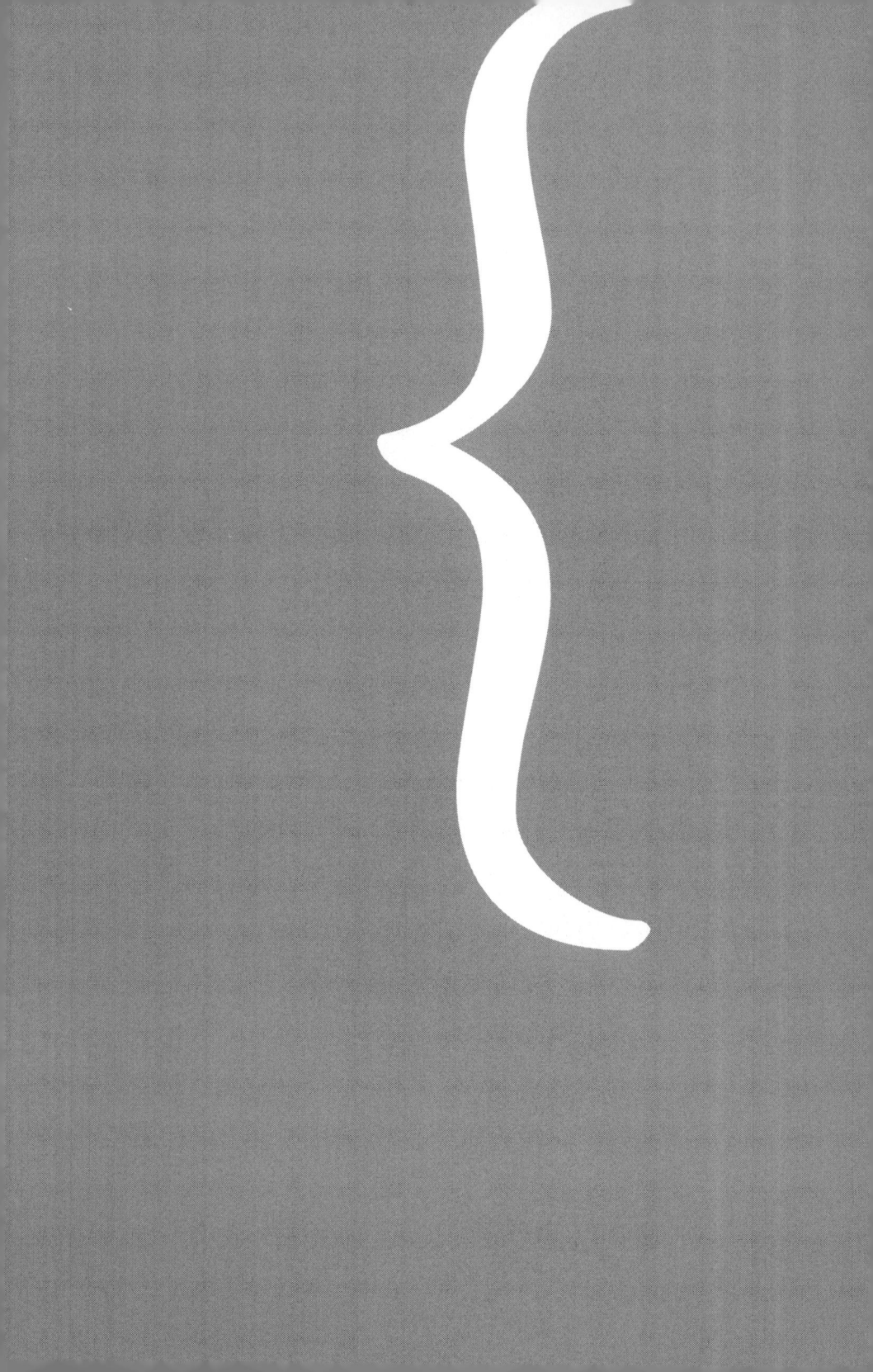

❰ NESTE CAPÍTULO, INICIALMENTE vamos trabalhar com algumas noções já introduzidas no capítulo anterior, mas que agora serão retomadas a fim de aprofundá-las ou mesmo problematizá-las. Já abordamos a diferença entre ensino em imersão e ensino não em imersão, entre exercícios e atividades. Aqui trataremos de outros conceitos ainda mais complexos: método, metodologia, abordagem e, posteriormente, interlocução.

Vamos dar especial atenção a dois aspectos que entendemos serem elementos disparadores nas aulas de línguas e que devem ser observados no planejamento de aulas ou atividades: a interação e a interlocução. Esses elementos são considerados pontos centrais nas dinâmicas e práticas de ensino, porém não se apresentam de forma material, e sim de modo subjetivo, fluido e multifacetado.

As condições plurilíngue e pluricultural, tão presentes nas aulas de português para estrangeiros em imersão, motivou-nos a fazer observações sobre alguns possíveis desdobramentos que essa realidade possa produzir e que devem ser considerados no desenvolvimento de materiais didáticos.

O capítulo apresentará também reflexões sobre expectativas de professores de PLE/PL2 quanto aos materiais didáticos e considerações sobre a abordagem intercultural.

doispontoum
Método, metodologia e abordagem: como podemos defini-los?

Sabemos que a flutuação de conceitos é uma realidade nos estudos teóricos. Há também a variação de sentidos entre o que as pessoas de modo geral utilizam e o que certos conceitos aplicados ao ensino preconizam. Além disso, existem os modismos, isto é, certas palavras são usadas em determinadas épocas, por parecerem uma novidade ou por terem sentido mais apropriado.

Vamos então começar com *método* e *metodologia*. Como você definiria essas palavras? A diferença entre elas está em *logia*, ou seja, o estudo. Podemos entender então que *metodologia* seria o estudo de diferentes métodos. Já ouvimos falar nos cursos de Letras, por exemplo, em *metodologias de ensino*, expressão que se refere a diferentes formas de ensinar ou conjuntos diversos de procedimentos que envolvem determinadas práticas de ensino.

A palavra *método* parece ser mais utilizada recentemente, inclusive para substituir a expressão *livro didático*. Talvez isso aconteça porque o livro carrega ou contém um método de ensinar. De qualquer forma, aqui por *método* entendemos um conjunto de procedimentos com base teórica que visa possibilitar o desenvolvimento de alguma prática, que pode ser de ensino ou de outra área. Essa palavra pode aparecer em vários contextos, como no caso de se questionar o método utilizado por determinado autor para desenvolver sua pesquisa.

De acordo com Menegazzo e Xavier (2004, p. 115), por muito tempo as escolas de línguas buscavam se destacar divulgando determinado "método" como o mais atualizado ou eficiente: "Por muitos anos, as escolas de línguas valeram-se do 'método' como elemento diferenciador entre elas". Conforme Anthony (1972, p. 6, citado por Menegazzo; Xavier, 2004, p. 115, tradução das autoras), *método* é "um plano geral para a apresentação ordenada do material linguístico, sendo que nenhuma parte deve se contradizer, e todo o plano deve basear-se numa abordagem selecionada"*. Esse conceito destaca a ideia de não haver contradição e é preciso seguir uma mesma abordagem.

Outro termo que frequentemente é usado no âmbito do ensino de línguas é *abordagem*. Agora temos a trilogia formada por *método, metodologia e abordagem*. No entanto, parece que a última dessas palavras é mais facilmente compreensível, pois se trata da forma como abordamos algo ou do modo como falamos

---

* Texto original: *"Method is an overall plan for the orderly presentation of language material, no part of which contradicts, and all of which is based upon, the selected approach"*.

ou expressamos algo. *Abordar alguém* significa começar a falar com alguém sobre um assunto ou até mesmo parar alguém na rua e começar a conversar. Então, digamos que *abordagem* é uma maneira de expressar, explicar ou enunciar algo. Já ouvimos termos como *abordagens de ensino* em referência à abordagem comunicativa, por exemplo.

Utilizaremos neste livro a palavra *abordagem* com o sentido mais amplo, entendida como as formas de abordar algo, o que inclui a maneira como se dão as práticas de ensino – a abordagem pode ser estruturalista, comunicativa, intercultural, da pedagogia crítica etc. Com o termo *metodologia*, referimo-nos ao estudo de linhas teóricas ou tendências teóricas voltadas à prática de ensinar. Por *método* entendemos um conjunto de procedimentos teórico-práticos que podem ter mais do que uma influência teórica, mas que são "basicamente um conjunto ordenado, estável e coerente de procedimentos, atividades e técnicas de ensino, utilizados pelos professores para desenvolver o conteúdo programático", conforme explicam Menegazzo e Xavier (2004, p. 116), que acrescentam: "os métodos apresentam poder normativo, com técnicas padronizadas de ensino a serem seguidas pelo professor". Essa explicação coincide com a visão de que o livro didático contém um conjunto de procedimentos um tanto impositivos ou mesmo padronizados, por isso *método* e *livro didático* são tidos como sinônimos por muitos professores.

Entre todos os métodos de ensino de línguas, os mais populares são o da gramática e tradução, o direto e o método audiolingual. Você poderá encontrar mais informações sobre esse assunto no livro *Metodologia de ensino de língua portuguesa como língua estrangeira*, publicado pela Editora InterSaberes em 2019.

2.1.1 Conceitos de língua

Como citamos anteriormente, de tempos em tempos novas abordagens vão surgindo, pois as pesquisas, as sociedades e as necessidades de cada época também se alteram. Nos anos 1960, estudos ligados à sociolinguística contribuíram para novos rumos no ensino de línguas. Foram colaborações dessa área, além de estudos da pragmática, que deram início à abordagem comunicativa. Juntamente com os pressupostos de uma nova abordagem está uma visão de língua que direciona o olhar dos pesquisadores para o funcionamento da comunicação e as necessidades de cada época. O conceito de língua permeia e sustenta nossas percepções sobre como a comunicação, ou ainda a interação, acontece. A seguir, apresentamos alguns exemplos.

- Conceito de língua como identidade e constituição da cultura de um povo: visão que predominava nos estudos da linguagem no século XIX.
- Língua como um conjunto de hábitos a serem automatizados: visão behaviorista que incentivou a produção dos exercícios de repetição e de completar lacunas. Predominou dos anos 1940 até meados dos anos 1960.
- Língua como fato social e forma de ação: visão predominante a partir dos anos 1960 e que proporcionou o desenvolvimento do método comunicativo. Teve seu auge na década de 1980.

- "Língua é um conjunto de práticas sociais e cognitivas historicamente situadas" (Marcuschi, 2008, p. 61).
- "Língua é atividade social, fundada nas necessidades de comunicação e constituída através das enunciações" (Bakhtin, 1997, p. 124).

E no momento atual, qual é visão de língua predominante? Talvez não possamos dizer que uma visão ocupe essa posição. Vivemos em uma época de pluralidade de pontos de vista e também de misturas, hibridismos* e miscigenações. Por conta do aumento das conexões entre os povos e pela necessidade de reconfiguração e de reconstrução de conceitos e identidades, a língua tem sido vista por alguns estudiosos em um plano mais amplo. Observe que facilmente podemos identificar a pluralidade linguístico-cultural, também étnica e religiosa. É comum encontrarmos pessoas que nasceram em um lugar, mas vivem em outro ou cujos pais ou avós são de outra cidade, estado ou mesmo país. Além disso, observamos que alguns produtos que encontramos no supermercado são de diferentes lugares. O amplo acesso à informação, a vivências e a experiência nos influencia de algum modo e continuamente estamos nos reconfigurando.

De acordo com Anunciação (2017, p. 15), "as identidades sociais, antes de serem atributos naturais e imutáveis dos indivíduos, são construtos discursivamente criados, multifacetados e

---

* Para saber mais sobre esse termo relacionado à configuração do mundo pós-moderno, sugerimos a leitura de *O local da cultura*, do autor indo-britânico Homi Bhabha, publicado para Editora da Universidade Federal de Minas Gerais (UFMG).

em constante (re)formulação". A autora complementa essa explicação usando experiências vividas por alunos sírios e haitianos:

> esse sujeito agora não é apenas "sírio" ou "haitiano"; tampouco é "brasileiro" – ele agora responde também por um outro nome: "refugiado" ou "migrante" (Moreira, 2014). E é nesse interstício, nesse "entre-lugar" (Bhabha, 1998), que ele terá que construir, para si, nova(s) identidade(s) na diáspora. (Anunciação, 2017, p. 16)

Essa constante reconfiguração inerente à condição humana gera implicações profundas para nossa condição social e individual. A(s) língua(s) que falamos é(são) intimamente afetada(s) por essa realidade.

Cavalcanti e César (2007, p. 61), no artigo "Do singular para o multifacetado: o conceito de língua como caleidoscópio", rejeitam a ideia de que a língua, em sua totalidade, é fechada e orgânica; ao contrário disso, defendem que o ato da linguagem se constitui de um conjunto de variáveis, intersecções, conflitos, contradições, sendo socialmente constituído ao longo da trajetória de qualquer falante. Essas autoras afirmam também que, ainda que provisoriamente, parece oportuna a comparação da língua reificadora com um caleidoscópio*, pois esse instrumento é

---

* Aparelho óptico que tem formato de um tubo e contém em seu interior pedaços de vidros, de papéis coloridos ou de outros materiais, que, em contato com a luz, compõem múltiplas imagens com formas e cores diferentes.

feito de diversos pedaços, cores, formas e combinações, é um jogo de im(possibilidades) fortuitas e, ao mesmo tempo, acondicionados pelo contexto e pelos elementos, um jogo que se explica sempre fugazmente no exato momento em que o objeto é colocado na mira do olho e a mão o movimenta; depois, um instante depois, já é outra coisa. (Cavalcanti; César, 2007, p. 61)

A explicação sustentada por Cavalcanti e César (2007, p. 61) propõe uma visão de língua diferente daquela tradicionalmente proposta por gramáticas normativas, por exemplo. Essas gramáticas parecem descrever uma língua fechada, perfeita, idealizada, constituindo as regras do bem falar. Também é diferente da visão de língua como aquisição de hábito, conceito introduzido pelo behaviorismo. Temos, portanto, perspectivas que se opõem: de um lado, percepções rígidas e conservadoras; de outro, uma visão da linguagem como algo continuamente sendo reconstruído, como algo fluido e dependente da diversidade cultural e social em que estamos inseridos.

É provável que a linguagem em sua complexidade ainda nos surpreenda com uma constituição que envolva tanto elementos orgânicos ou cognitivos, que se sustentam por regras básicas de uso, estabelecidas no decorrer de sua história, porém relativamente estáveis, quanto elementos sociais, sendo igualmente constituída e recriada, de certa forma, a cada ato comunicativo, buscando adequar-se a novas necessidades e realidades através da interação.

Vejamos a seguir o conceito de *língua* apresentado por Marcuschi (2008, p. 61):

> Tomo a língua como um sistema de práticas cognitivas abertas, flexíveis, criativas e indeterminadas quanto à informação ou estrutura. De outro ponto de vista, pode-se dizer que a língua é um sistema de práticas sociais e históricas sensíveis à realidade sobre a qual atua, sendo-lhe parcialmente prévio e parcialmente dependente desse contexto em que se situa. Em suma, a língua é um sistema de práticas com o qual os falantes/ouvintes (escritores/leitores) agem e expressam suas intenções com ações adequadas aos objetivos em cada circunstância, mas não construindo tudo como se fosse uma pressão externa pura e simples.

Curiosamente, essa definição apresenta a língua como *sistema*, palavra que nos direciona à ideia de um conjunto de elementos complexos que envolve um agrupamento de constituintes para juntos formarem um todo. Esse sistema abrange práticas cognitivas e, através dele, os sujeitos agem e se expressam. É também um sistema de práticas sociais e históricas sensíveis à realidade em que ocorre. Assim, temos um plano coletivo e a influência do percurso histórico, ao qual a língua está sujeita com o passar do tempo. Ainda segundo essa definição, essa construção não é apenas uma influência externa pura e simples. Nesse caso, podemos entender que envolve também processos cognitivos e individuais.

É possível que você tenha tido outras interpretações ou conclusões sobre o conceito apresentado. Um bom exercício é procurar outros conceitos e observar em que tendências se insere. Para aprofundar o estudo sobre o conceito de língua, sugerimos o artigo "Por Saussure e Bakhtin: concepções sobre língua/linguagem" (Macedo, 2009).

doispontodois
Interação e interlocução: preocupação central na construção de propostas de ensino

Nesta seção, vamos nos concentrar em definir e problematizar dois conceitos essenciais para a produção de propostas de ensino. Como vimos anteriormente, os materiais didáticos são utilizados para viabilizar o processo de ensino-aprendizagem. É com o auxílio desses artefatos que envolvemos os alunos em tarefas a fim de desenvolver sua proficiência linguística. Sabemos que a utilização de diferentes recursos para a viabilização do conhecimento é favorecida pela diversidade de propostas e por sua qualidade. Quando nos referimos à qualidade das propostas de ensino, entendemos que há um conjunto bastante variado de elementos que incidirão nesse processo. É bem provável que a interação e a interlocução sejam os elementos centrais desse conjunto de ações, funcionando como seus desencadeadores e modalizadoras. Mas vamos definir ou esclarecer o que entendemos por essas palavras nesse contexto.

A interação há muito tempo intriga estudiosos da linguagem. Um estudo que marcou o início das pesquisas sobre interação foi proposto por Lev Vygotsky ainda nas primeiras décadas do século XX. Porém, seus estudos tornaram-se amplamente conhecidos apenas anos mais tarde, depois de passar por algumas traduções.

Vygotsky (1984) considerava que, para haver aprendizagem e desenvolvimento cognitivo, seria necessário existir interação entre o conhecimento prévio e o conhecimento novo. Além disso, há necessidade de haver relação entre as capacidades já adquiridas e as capacidades em processo de desenvolvimento.

Mais recentemente, Moore (1989) identificou três tipos de interação: interação aluno-conteúdo, interação aluno-professor e interação aluno-aluno. Segundo esse autor, sem a interação aluno-conteúdo, "não pode haver educação, já que é o processo de interagir intelectualmente com o conteúdo que resulta em mudanças na compreensão do aprendiz, na sua perspectiva ou nas estruturas cognitivas da sua mente"* (Moore, 1989, p. 75). Assim, podemos considerar que não é, unicamente, a interação com pessoas mais experientes que garante o andamento dos processos de aprendizagem, mas também, e necessariamente, a interação entre o aprendiz e o novo conteúdo a ser interiorizado.

Outro autor que explorou o tema relacionado à interação foi Rod Ellis (1999). Vamos retomar as perguntas feitas por esse autor a respeito desse tema (Ellis, 1999, p. 231, citado por Schlatter; Garcez; Scaramucci, 2004, p. 346) no livro *Learning a Second Language through Interaction*:

+ De que maneiras a interação/o insumo contribui para a aquisição de L2?
+ Que tipos de interação/insumo promovem a aquisição de L2?

---

* Tradução de Wanderlucy Czeszak.

- Que tipo de pedagogia é necessária para que os aprendizes em sala de aula tenham uma experiência de interação rica para a aquisição?

Cabe observar que, na citação de Ellis, mantivemos a abreviação *L2* de acordo com o texto original, que se refere à segunda língua, ou seja, uma língua não materna e que geralmente é ensinada em contexto de imersão*.

Voltando às questões levantadas por esse autor, vemos que a interação está no plano central dos questionamentos; no entanto, ter respostas consistentes para essas perguntas é bastante difícil.

Você pode imaginar que desenvolver a interação nas práticas em sala de aula não é fácil, e realmente não é, ainda mais se pensarmos que a interação deve estar associada à aprendizagem, à cognição e ao desenvolvimento da proficiência. Sim, pois tornar a aula um encontro divertido, relaxado, em que todos se sintam bem é uma situação, mas aqui estamos pensando em interação como um processo que promove, facilita, direciona a aprendizagem.

Percebemos que existem alunos mais abertos ou acessíveis às propostas de ensino do que outros. Há, ainda, quem se envolva com mais facilidade e compreenda o propósito da atividade, assim como há propostas mais instigantes e outras menos. É possível utilizar recursos simples ou comuns (como a atividade com as frutas, exemplificada no Capítulo 1) e assim provocar o envolvimento dos alunos. Parece, então, que o centro da organização

---

* Os conceitos de segunda língua, língua estrangeira, língua adicional, língua de herança, entre outros, estão descritos no livro *Metodologia de ensino de língua portuguesa como língua estrangeira*, publicado pela Editora InterSaberes em 2019.

de uma proposta de ensino está ligado a um tema, assunto, ou projeto que seja relevante e instigante. Seguindo esse raciocínio, os professores devem se empenhar em observar os alunos, perceber o que gostam de ler e falar, o que precisam aprender, o que lhes desperta curiosidade e interesse. Isso lhes possibilitará produzir propostas mais atraentes que consequentemente vão gerar interação.

Observe as duas atividades para alunos iniciantes exemplificadas a seguir e responda: Qual delas potencialmente promoveria maior interação?

> ### Exemplo de exercício
> #### Atividade 1
> Escolha palavras ou expressões do quadro a seguir e complete as frases:
> a. Eu vou ao cinema.
> b. Eu vou à praia.
> c. Eu vou ao teatro.
> d. Eu e minha família viajamos.
> e. Eu almoço fora de casa (em algum restaurante).
> f. Eu cozinho.
>
> | sempre – normalmente – às vezes – dificilmente – nunca |

Exemplo de tarefa

Atividade 2

1. Com base nas informações do quadro, faça perguntas para seu/sua colega e anote as respostas. Depois, é a sua vez de responder.

Exemplo de perguntas:

   a. Com que frequência você vai ao cinema?

   b. Você sempre vai ao cinema?

Interação

5. Faça perguntas para o seu colega e anote as respostas dele. Não se esqueça de conjugar os verbos.
Exemplo: - Você vai sempre ao cinema? Sim, quase todas as semanas.

	Sempre	Normalmente	Às vezes	Dificilmente	Nunca
Ir ao cinema					
Ir ao shopping					
Visitar os amigos					
Cozinhar					
Comer churrasco					
Tomar cafezinho					
Ler jornal					
Tomar água					
Pegar ônibus					
Fazer exercícios					
Dormir cedo					
Estudar português					

FONTE: Perin Santos, 2020. No prelo.

Até aqui, a interação tem sido colocada preferencialmente como uma situação positiva. Contudo, podemos considerar que interação também envolve situações conflituosas e que poderão provocar a aprendizagem. Estamos agora nos encaminhando para um sentido que preferimos chamar de *interlocução*, que entendemos como a possibilidade de haver troca de informações, negociação de significados, estímulo à resposta ou elaboração de perguntas de modo que os alunos demonstrem se envolver efetivamente nas propostas.

Para Schlatter, Garcez e Scaramucci (2004, p. 356),

> a prática com a linguagem tem que levar em conta o contexto de produção, o propósito, o(s) interlocutor(es), a análise de como ações linguísticas influenciam outras ações. A comunicação, seja ela oral ou por escrito, como também o processo de ensino/aprendizagem, passam a envolver questões identitárias, as relações entre os interlocutores e suas representações do mundo, e como, no meio de tudo isso, se co-constrói os sentidos e se desenvolve a aprendizagem.

Diante disso, podemos entender que promover interação e interlocução depende de um conjunto variado de fatores que precisam ser analisados e ajustados continuamente. Segundo Andrighetti e Schoffen (2012, p. 18), "é preciso olhar para os cenários em que o uso da linguagem se dá, nos quais os falantes desempenham ações com propósitos definidos em relação a seus interlocutores, que, por sua vez, reagem a essas ações".

Temos de considerar também que pensar em gerar interação e interlocução nas aulas de PLE/PL2 pode ser um processo mais complexo, se considerarmos que os alunos são de culturas variadas. Muitas vezes, eles entendem a aprendizagem de forma bastante tradicional (modo que privilegia a sistematização de conteúdos e exercícios de repetição). Nesses casos, é necessário pensar em alternativas que pouco a pouco despertem o interesse e a percepção de que diferentes modos de aprender podem ser mais eficazes; porém, de todo modo, a imposição de um método que julgamos adequado poderá provocar resistência. Isso exige muita sensibilidade dos docentes no momento de planejar suas aulas e aplicar as atividades.

Além disso, é preciso haver algum tipo de interação ou interesse e também esforço por parte dos alunos, para que possam fazer conexões neurológicas que os levem a pensar, raciocinar, sentir, imaginar, refletir, perceber algo e, assim, ampliar seu repertório de conhecimentos sobre as formas de comunicação em determinada língua. Isso tudo pode esbarrar em situações de pouco interesse ou estímulo pessoal por parte dos estudantes. Com frequência, deparamos com pessoas que precisam estudar português, mas não se sentem motivadas, ou porque não gostam ou têm dificuldade para estudar línguas, ou porque não estão satisfeitas de estar no Brasil por alguma razão pessoal ou profissional. Pode haver também dificuldades pessoais quanto a mudanças abruptas e à redefinição e percepção da própria identidade. Essas são questões delicadas e ultrapassam os espaços e objetivos deste livro. No entanto, são fatores importantes, e seria muito útil considerá-los e buscar identificá-los. Para saber mais sobre esse tema, sugerimos os artigos de Paschoal (2013), Leffa (2012), Sebbagh (2016) e Anunciação (2017).

doispontotrês
Expectativas de professores de PLE quanto aos materiais didáticos

Conforme apontado por Menezes (2015) em estudo sobre crenças de professores e alunos de PLE/PL2, professores que atuam nessa área reconhecem o valor dos materiais didáticos em suas aulas. Entretanto, os participantes disseram manter "suas ressalvas quanto à utilização desses materiais e "reforçam sua preferência pelo uso de materiais autênticos, selecionados cuidadosamente para as aulas" (Menezes, 2015, p. 140). Além disso, segundo essa autora, no discurso dos professores entrevistados "percebe-se claramente a crença de que o ensino em imersão difere do ensino em não imersão e esse fator é determinante na opção que se faz no momento de selecionar material apropriado para as necessidades prementes dos alunos" (Menezes, 2015, p. 105).

    Resultados semelhantes aos dessa pesquisa foram obtidos por Perin Santos et al. (2019) no que diz respeito à opinião de professores de PLE/PL2 sobre o uso de materiais didáticos em suas aulas. Já mostramos as duas primeiras perguntas da enquete, mostradas nos Gráficos 1.1 e 1.2. Vejamos agora a terceira pergunta:

> O que você espera de um livro didático, apostila ou mesmo de uma atividade para ser usada em suas aulas?
>
> 1. Que valorize a interlocução e desperte o interesse dos alunos sobre o conteúdo e as atividades a serem feitas.
> 2. Que valorize a leitura, a produção de textos (escritos e orais) e atividades interculturais.
> 3. Que contenha diversidade de propostas e que as habilidades sejam integradas, incluindo reflexões gramaticais e variedades do português brasileiro.
> 4. Que seja uma produção atualizada, esteticamente agradável e suficientemente organizada.
> 5. Que valorize a análise crítica de textos (orais e escritos) e de aspectos culturais.

Queremos convidar você a responder a essa questão. Você poderá escolher até duas alternativas. Após a reflexão, observe o resultado obtido na pesquisa realizada.

GRÁFICO 2.1 – PERGUNTA 3 – O QUE VOCÊ ESPERA DE UM LIVRO DIDÁTICO, APOSTILA OU MESMO DE UMA ATIVIDADE para ser usada em suas aulas? (Escolha até duas opções)

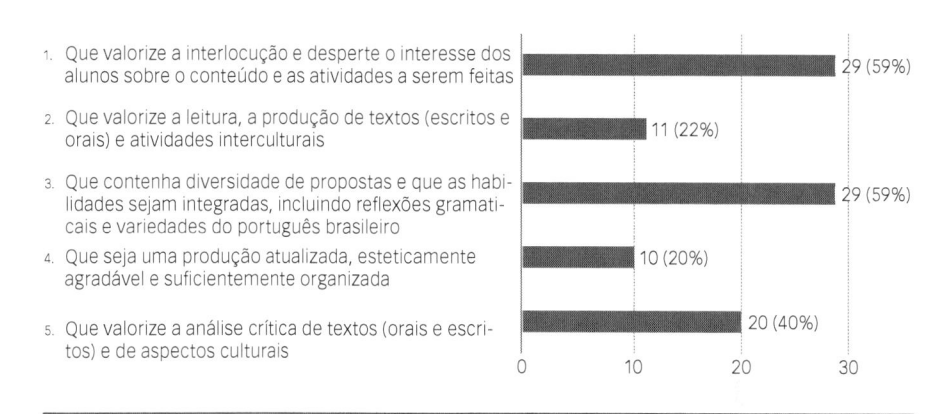

Opção	Descrição	Valor
1.	Que valorize a interlocução e desperte o interesse dos alunos sobre o conteúdo e as atividades a serem feitas	29 (59%)
2.	Que valorize a leitura, a produção de textos (escritos e orais) e atividades interculturais	11 (22%)
3.	Que contenha diversidade de propostas e que as habilidades sejam integradas, incluindo reflexões gramaticais e variedades do português brasileiro	29 (59%)
4.	Que seja uma produção atualizada, esteticamente agradável e suficientemente organizada	10 (20%)
5.	Que valorize a análise crítica de textos (orais e escritos) e de aspectos culturais	20 (40%)

FONTE: Perin Santos, 2020. No prelo.

Observe que as alternativas escolhidas por um número maior de participantes são a primeira e a terceira. Os conteúdos desses itens destacam a importância da interlocução, o interesse dos alunos pelas atividades e a necessidade da presença de habilidades integradas, reflexões gramaticais e variedades do português brasileiro.

Talvez o que mais chame atenção nessas respostas seja o interesse por reflexões gramaticais nos materiais. Podemos inferir que nas práticas de sala de aula os professores sintam essa necessidade. Sabemos que muitos alunos de PLE/PL2 perguntam frequentemente sobre o funcionamento da língua em termos gramaticais e que não existem gramáticas que possam dar conta do português brasileiro sob o aspecto de língua estrangeira. Tampouco cursos de formação de PLE/PL2 fornecem subsídios suficientes nesse sentido. Vamos retomar esse assunto no Capítulo 4.

Com base nas informações do estudo realizado, podemos mencionar o fato de que seria muito interessante que algum material tivesse o registro de variedades do português brasileiro e que incluísse informantes de diferentes lugares, com diferentes sotaques e entonações. A tendência dos livros didáticos é fornecer áudios com atores que, embora sejam informantes do português brasileiro, não permitem o contato com a diversidade da língua. Além disso, seria muito importante contar com informantes de diferentes idades, profissões e perfil sociocultural.

Podemos considerar também as alternativas menos votadas. Em duas delas, curiosamente, fala-se sobre o trabalho com textos e com a interculturalidade. É possível que os professores se sintam seguros em desenvolver tais itens e não vejam grande necessidade de que os materiais forneçam esses conteúdos ou práticas. O fato de a maioria não ter escolhido não significa necessariamente que não valorizem tais habilidades.

Diante do estudo realizado, poderíamos ainda levantar muitas reflexões, no entanto a proposta dessa análise é que os professores em formação inicial ou continuada se façam essas perguntas a fim de identificarem o que de fato procuram nos materiais e como podem contribuir para suas aulas. Queremos destacar aqui a necessidade de se realizarem estudos relacionados às expectativas, aos interesses e às crenças de professores e alunos de PLE/PL2 em relação a materiais didáticos.

doispontoquatro
Sala de aula de PLE/PL2: espaços plurilíngues/pluriculturais

Nesta seção, vamos nos concentrar em analisar as aulas de PL2 em grupos e em imersão sob o aspecto da diversidade linguístico-cultural. Temos aqui o ponto de vista da composição dos grupos, espaços plurilíngues e pluriculturais. Isso significa que são pessoas de diferentes lugares, o que implica a existência de variedades de línguas, costumes, culturas e, consequentemente, de pontos de vista. Embora consideremos que nos dias atuais o contato entre os cidadãos do mundo e o acesso à informação sobre os diferentes países sejam bastante grandes, entendemos que nossos alunos cresceram em determinados lugares e aprenderam línguas e modos de viver particulares. Aliás, essa é uma questão recorrente nesta obra, nossas semelhanças e diferenças, as quais nos acompanham a todo tempo.

    O ensino não em imersão tendencialmente é realizado com grupos de estudantes da mesma nacionalidade, e mesmo os professores falam a língua dos alunos. Essa constituição favorece a elaboração das aulas e dos materiais, pois, em geral, há menos variáveis. Contudo, temos de considerar que aprender uma língua fora do país em que ela não é presente nas situações comunicativas cotidianas e sociais torna o processo de aprendizagem mais lento. Esse processo resulta em maior controle do desenvolvimento e das expectativas em torno dos materiais didáticos. Estamos considerando situações já vivenciadas por muitos professores nesses contextos. Trata-se de duas realidades que não são estáveis nem mesmo constantes, mas, a título de reflexão, serão definidas com tais características.

Voltando ao ensino em imersão, podemos afirmar que, ao recebermos alunos de diferentes lugares, não teremos em nossa aula seres de outro mundo com imensa dificuldade de interagir conosco. O mais provável é que nossos alunos tenham as mesmas necessidades e interesses de todos nós, como alimentação, lazer, moradia, trabalho, além de realizarem ações cotidianas como pegar ônibus, fazer compras e ir ao cinema. Observe que citamos algumas práticas diárias comuns à maioria das pessoas, mas é claro que nem todos executam essas ações da mesma maneira ou com a mesma frequência.

No ambiente de sala de aula ou mesmo em aulas particulares, a condição de estarmos nos relacionando com pessoas de diferentes lugares pode ser vista como algo que desperta muito interesse, pela própria condição da novidade. Entre os colegas, conversar com alguém que vive em outro país ou continente pode ser, em princípio, bem estimulante. Contudo, em determinados momentos no transcorrer do curso, algumas circunstâncias podem tornar esse contato nem sempre agradável. Níveis de proficiência diferentes, preconceitos em relação à cultura do outro, desinteresse, timidez, atitude apática, dificuldade ou falta de hábito de relacionar-se de determinadas maneiras podem dificultar esse contato.

Não precisamos ir longe para perceber que nem sempre estamos dispostos a interagir com outras pessoas, e isso pode acontecer com todos nós. Curiosamente, o fato de termos no mesmo grupo pessoas da mesma nacionalidade ou da mesma cidade não necessariamente proporcionará um espaço ideal para a interação ou no qual haverá a possibilidade de entendimento porque todos falam a mesma língua e têm muito conhecimento compartilhado. Esse é um fator de extrema importância para o desenvolvimento de atividades com nossos grupos de alunos: os assuntos e informações que temos em comum. É justamente desse conhecimento que devemos partir. Muitas pessoas perguntam sobre o *start* de uma aula de PLE/PL2, querendo saber como iniciar uma aula com pessoas de culturas e línguas tão diferentes. Devemos sempre lembrar que interagimos de modos semelhantes e que nossas necessidades comunicativas são muito próximas. Portanto, os alunos precisam compreender o ato comunicativo ou o assunto da aula, o que vai contribuir para que entendam o sentido de expressões, ideias e vocabulário.

Quando trabalhamos com alunos falantes de línguas neolatinas, como o francês, o italiano e o espanhol, podemos contar com uma certa transparência entre essas línguas e o português, e isso permite desenvolver práticas de ensino como a intercompreensão. Segundo Martins (2014, p. 118),

> *em nome do desenvolvimento de uma consciência intercultural, acreditamos ser de mais valia para as escolas brasileiras uma proposta de ensino plurilíngue, de forma a oferecer oportunidades de descoberta de várias línguas e não a supervalorização de uma delas. Mudanças sociais clamam por mudanças de paradigma educacional e é neste cenário que a intercompreensão surge como proposta inovadora e propulsora de uma educação plurilíngue.*

A autora faz referência ao ensino de línguas nas escolas regulares, porém a intercompreensão pode ser uma ferramenta utilizada também no ensino de línguas estrangeiras para alunos adultos. Essa prática gera um grande benefício, pois direciona o olhar dos estudantes para o que temos em comum, para o que é semelhante e, a partir daí, busca gerar processos de entendimento e percepção de conexões que existem entre as línguas. Mesmo se pensarmos em línguas como o inglês, perceberemos que há muitos vocábulos de origem latina que permitem a compreensão de um bom número de palavras. Ainda com alunos falantes de línguas distantes, observamos que os conceitos de estruturação das línguas, como a identificação de sujeito, verbos, objetos, são conhecimentos compartilhados entre todos, embora muitas vezes não saibam o nome desses elementos. Vamos tratar com mais detalhes de intercompreensão no Capítulo 4.

Contudo, sabemos que nas aulas de PL2 iniciais para alunos falantes de línguas não neolatinas pode haver a necessidade de utilizarmos uma língua franca, ou seja, uma língua que professor e aluno falem e, assim, possam se entender e viabilizar o aprendizado. Caso isso não seja possível, ainda que viável, o processo de ensino-aprendizagem será certamente mais demorado. Nesses casos, teremos de explorar imagens, figuras e desenhos com maior frequência; portanto, o ritmo das aulas será mais lento. A princípio, podemos nos concentrar em trabalhar vocabulário básico para sobrevivência; posteriormente, o aluno perceberá o funcionamento da língua, de modo a ampliar sua percepção e compreensão.

O que é muito difícil nesse contexto é a situação em que temos no mesmo grupo alunos que não falam nenhuma língua ocidental e outros que já dominam alguma língua dessas. Nesses casos particulares, um dicionário ou mesmo o tradutor eletrônico poderá ser útil. Trata-se de um recurso a ser utilizado caso haja necessidade. Observe que não estamos incentivando o uso da tradução como prática constante, mas como uma possibilidade que poderá nos auxiliar em algumas situações.

Quando estamos lecionando para grupos, temos uma pequena comunidade de prática, que podemos entender como um grupo que desenvolverá atividades conjuntamente. Poderá contribuir para o entendimento dessas realidades o relato de duas professoras de PLE/PL2 com um grupo de alunos de vários troncos linguísticos, inclusive asiáticos e hispanos. A reunião de estudantes falantes dessas línguas só é indicada em níveis intermediários, pois no início dos cursos o ritmo de aprendizagem de cada grupo é diferente. O relato das professoras está registrado no artigo "Contexto de aprendizagem de português L2: comunidades de prática em ambientes multilinguais/multiculturais" (Menezes; Santos, 2012). Nesse artigo encontramos uma pesquisa realizada com os alunos após o término do curso, com suas opiniões e percepções sobre as aulas.

Sugerimos mais uma leitura relacionada ao trabalho com grupos plurilíngues/pluriculturais. Trata-se da dissertação de mestrado intitulada *A realização de atividades pedagógicas colaborativas em sala de aula de português como língua estrangeira* (Bulla, 2007).

Nesta seção, estamos nos alongando em um assunto que aparentemente não estaria diretamente ligado à produção de materiais didáticos. No entanto, acreditamos que a produção de materiais está condicionada às relações de interlocução. O sucesso de determinada proposta depende do que ela poderá provocar e estimular durante sua aplicação. Por essa razão, frequentemente podemos nos perguntar: Como favorecer a interlocução por meio dos materiais que produzimos? Talvez essa seja a pergunta mais importante ao iniciarmos nosso plano de aula e a produção de atividades. Destacamos que a escolha de textos (orais e escritos), a elaboração de questões para discussão e conversação e as propostas de produção a serem feitas estão entre as maiores preocupações dos professores.

Para concluirmos esse assunto, citamos um trecho de Mendes (2011, p. 140) em que a autora destaca que "o português, mais do que a língua que se ensina e que se aprende, representa a ponte para a construção de relações de proximidade, de respeito e de integração (inter)cultural". Podemos depreender desse excerto que os encontros para a aprendizagem de uma língua são momentos especiais de troca de experiências e construção de novas formas de ver o mundo. O papel dos professores nesses espaços deve ser o de mediador de conhecimentos linguísticos e culturais.

doispontocinco
Reflexões sobre a abordagem de ensino intercultural considerando-se o ensino de PLE/PL2 e a produção de materiais didáticos

Utilizaremos o termo *interculturalidade* seguindo a linha de estudos proposta por Mendes (2011), Barbosa (2014), Viana (2003) e Almeida Filho (2002). A interculturalidade é um assunto relativamente explorado na área de ensino de PLE/PL2, pois há um número significativo de trabalhados publicados, inclusive análises de livros didáticos, como em Paiva e Viana (2014) e González (2015).

Recentemente tem-se utilizado também o termo *transculturalidade**. Autoras como Cavalcanti e Bortoni-Ricardo (2007) defendem que o radical *trans* contém o conceito de movimento multidirecional, e isso poderia dar um sentido mais amplo às relações culturais. Segundo Neiva, Alonso e Ferneda (2007, p. 6), "procura-se com a transculturalidade o que está além, entre e através das culturas".

As relações interculturais são destacadamente proeminentes nas aulas de PLE/PL2; a todo tempo emergem situações de troca, que podem ser interessantes, mas também desafiadoras e conflituosas. Isso tudo exige que façamos muita reflexão sobre qual deve ser o posicionamento dos professores diante dessa realidade

---

* Leia mais sobre transculturalidade em *Transculturalidade, linguagem e educação* (Cavalcanti; Bortoni-Ricardo, 2007).

e igualmente como devem ser as propostas didáticas voltadas à sensibilização cultural. Algumas críticas feitas a livros didáticos e também a dinâmicas de sala de aula com o intuito de serem interculturais destacam que não é suficiente propor comparações entre a cultura A e a cultura B ou entre vivências no país A e vivências no país B. Isso poderia configurar-se como uma análise contrastiva, o que, no que se refere a questões culturais, não seria apropriado, pois estas são muito mais subjetivas. De acordo com Paiva e Viana (2014, p. 30), "a caracterização do termo interculturalidade envolve, além de fatores comparativos, a predisposição em deslocar-se o próprio ponto de vista para dialogar com outras culturas, estabelecendo-se assim o caráter de alteridade e intersubjetividade da linguagem".

Os autores citados ressaltam que o processo de ensino-aprendizagem de base intercultural não é de fácil elaboração, pois se refere a "valores abstratos".

As trocas culturais comuns em aulas de PLE/PL2 são em grande parte positivas, contribuindo para o desenvolvimento e para o interesse a respeito da aprendizagem. Porém, outras situações são mais delicadas quando envolvem diferenças culturais, ideias preconceituosas, não aceitação do outro, críticas à cultura brasileira e ao modo de viver dos brasileiros. Essas situações podem ser desencadeadas pela atividade que o professor levou para a sala de aula ou não. Prevendo situações conflituosas, muitos professores evitam escolher temas polêmicos e é bem provável que certa cautela nesse sentido seja favorável. Contudo, essas "situações conflituosas" podem surgir, independentemente do conteúdo proposto. Trata-se de algo que devemos entender como possível, pois as pessoas pensam de modo diferente, e conflitos fazem parte de todas as realidades de ensino e mesmo das relações humanas. Diante disso, os professores podem ter diferentes reações: podem ser neutros, ou seja, não tomar partido, procurar logo mudar de assunto para que a discussão/conflito termine; podem ter atitude de enfrentamento, criticar abertamente pontos de vista que julgam equivocados; ou ainda, podem ser mediadores, procurando mostrar e avaliar os pontos divergentes, também destacar as razões ou pontos de vista históricos ou sociais para explicar as diversidades.

Vale lembrar mais uma vez as palavras de Mendes (2011, p. 143): "mais do que instrumento, a língua é um símbolo, um modo de identificação, um sistema de produção de significados individuais, sociais e culturais, uma lente através da qual enxergamos a realidade que nos circunda". Muitos de nossos alunos viveram e cresceram aprendendo determinados valores, os quais podem não ser equivalentes aos que temos em nosso país, em nossas famílias ou comunidades. Mas, como estamos considerando que os estudantes estão aprendendo uma língua para a comunicação e precisam se relacionar e, além disso, entendendo que as aulas de PLE/PL2 não se restringem ao estudo de estruturas gramaticais, devemos, então, procurar fazer problematizações, discussões e análises sobre os diferentes modos de viver, pensar e agir das pessoas. De todo modo, é provável que nos níveis intermediários essas práticas sejam mais proveitosas, pois os alunos têm mais vocabulário e dominam mais estratégias de argumentação.

Queremos destacar que, com os alunos não em imersão, ou seja, aqueles que estão fora do Brasil, é necessário também fazer discussões e explorar conteúdos polêmicos. Nesses casos, em razão do distanciamento, é importante tomar ainda mais cuidado para não reforçar ideias estigmatizadas.

De acordo com Mendes (2011, p. 147), se seguirmos uma abordagem de ensino intercultural, cabe observar que

> *não são os "conteúdos culturais" que asseguram uma situação de diálogo intercultural, mas os modos de agir de professores e alunos, que devem estar voltados para o trabalho conjunto e cooperativo de produção de conhecimento significativo, o qual promova o desenvolvimento de competência linguístico-comunicativa na língua-cultura que está sendo aprendida.*

Embora o conteúdo proposto pelo material didático se destine ao diálogo intercultural, isso não indica necessariamente que o trabalho vá acontecer de modo significativo. Podemos dizer então que a interculturalidade pode ser estimulada pela atividade (texto, áudio, jogo etc.), mas ela tem grande dependência dos participantes da interação. Nesse sentido, as atividades seriam como "materiais-fonte incompletos como se fossem planos incompletos aguardando uma finalização de professores e suas turmas nos contextos reais em que estiverem imersos" (Almeida Filho, 2013, p. 15).

Sobre o papel de professores e alunos em uma abordagem de ensino que se entende como intercultural, encontramos em Mendes (2011, p. 155) descrições sobre os seguintes perfis: agente facilitador, agente de interação, agente de negociação, agente de interação e coprodução de significados, agente de autonomia e criatividade, agente crítico e empreendedor de mudanças, agente de interculturalidade, agente de afetividade.

Para concluirmos, a seguir apresentamos algumas atividades que têm o objetivo de promover sensibilizações interculturais.

Exemplo 1

Atividade de interação

a. Quais são os gêneros musicais de que você gosta?
b. Quais são os gêneros musicais mais populares no seu país?
c. Sobre a música brasileira, de que ritmos e artistas você mais gosta?
d. As pessoas no seu país costumam ouvir música brasileira? Quais?
e. Você já foi a algum show ou concerto musical? Conte como foi.
f. Você toca algum instrumento?
g. Você gostaria de tocar algum instrumento? Qual?
h. O berimbau é um instrumento tipicamente brasileiro. Existe algum instrumento típico do seu país?

Exemplo 2

Atividade de interação

a. Que tipos de restaurantes você conhece no Brasil? Quais você gosta mais?
b. Quais restaurantes são mais baratos e quais são mais caros?
c. No seu país, quais são os tipos de restaurantes mais comuns?

> d. Você já experimentou práticos típicos brasileiros? Conte como foi?
> e. No Brasil comemos com muita frequência feijão e arroz. Quais são os alimentos mais comuns no seu país ou na região onde você mora?

Síntese

Neste capítulo, apresentamos considerações teóricas voltadas a algumas abordagens de ensino de PLE/PL2, em especial a abordagem intercultural. As questões culturais permeiam as aulas e também os discursos que compõem as atividades e os materiais didáticos. Pela sua característica imaterial e pela diversidade de pontos de vista que os alunos possam ter, tornam-se fatores bastante complexos e desafiadores. Por essa razão, fornecemos alguns exemplos de possíveis dificuldades e também refletimos sobre possíveis posicionamentos dos professores nessas situações. Para ter acesso a uma lista de livros com diversos conteúdos relacionados ao processo de ensino-aprendizagem de PLE/PL2, recomendamos:

FOCA NO PORTUGUÊS PARA ESTRANGEIROS. Livros PLE. Disponível em: <http://www2.iel.unicamp.br/matilde/2017/07/livros-ple/>. Acesso em: 24 out. 2019.

Também destacamos a importância da interlocução como elemento de envolvimento e provocação entre conteúdo e alunos, entre professor e alunos, sendo considerado um elemento central nas preocupações dos elaboradores de materiais didáticos.

Atividades de autoavaliação

1. Os termos listados a seguir estão presentes em todos os estudos sobre o ensino e a aprendizagem de línguas, mas, curiosamente, embora sejam frequentes, não são de fácil compreensão. A principal dificuldade é distingui-los, e isso ocorre porque são conceitos que apresentam muito em comum. Relacione os conceitos às respectivas definições.

   1) Método

   2) Metodologia

   3) Abordagem

   ( ) Estudo de linhas teóricas ou tendências teóricas voltas às práticas de ensino.
   ( ) Pode ser compreendido como sinônimo de *livro didático*.
   ( ) Conjunto ordenado, estável e coerente de procedimentos, atividades e técnicas de ensino.
   ( ) Refere-se a um conjunto de práticas de ensino com características em comum e que podem ser chamadas de *estruturais, comunicativas, interculturais*, entre outras.

   Agora, assinale a alternativa correspondente à sequência obtida:

   a. 2, 1, 1, 3.
   b. 2, 3, 1, 2.
   c. 1, 2, 4, 3.
   d. 3, 1, 1, 2.

2. Há dois tópicos que são considerados centrais na elaboração de propostas de ensino. Isso acontece porque, se as escolhas já de início não demonstram serem propícias para desencadear discussões, interações e vontade de falar e escrever, certamente não devemos considerar tais propostas como interessantes. É verdade, no entanto, que podemos nos surpreender com alguns resultados.

Como podemos valorizar a interação e a interlocução nas atividades que produzimos?

Assinale V para as alternativas verdadeiras e F para as falsas:

( ) Planejar as aulas sempre com o mesmo formato e sem desafios que instiguem a curiosidade e a produção de atividades e tarefas.
( ) Evitar a identificação dos conhecimentos compartilhados e que despertem a curiosidade.
( ) Favorecer o trânsito entre os conhecimentos comuns entre as línguas por meio de estratégias de intercompreensão.
( ) Propiciar a prática de negociação de significados e incentivar os alunos a se arriscarem e a fazerem tentativas.

Agora, assinale a alternativa que corresponde à sequência obtida:
a. V, F, F, V.
b. F, F, V, V.
c. V, V, V, F.
d. F, V, V, V.

3. Os materiais didáticos devem ser instrumentos que sempre favoreçam as práticas de ensino, porém algumas vezes somos surpreendidos com atividades que não dão certo ou não são interessantes nem úteis para aquele determinado momento da aprendizagem. O que podemos esperar de materiais didáticos?

Assinale V para as alternativas verdadeiras e F para as falsas.

( ) Os materiais não precisam apresentar variedade linguística a fim de colocar os alunos diante de desafios que provavelmente ocorrem fora da sala de aula.

( ) Os materiais didáticos devem ser organizados e esteticamente agradáveis.

( ) É suficiente que os materiais didáticos forneçam textos autênticos e que os professores desenvolvam o restante das atividades.

( ) Os materiais devem apresentar diversidade de propostas e as habilidades devem ser integradas.

Agora, assinale a alternativa que corresponde à sequência obtida:

a. V, V, F, V.
b. F, V, F, V.
c. F, V, F, F.
d. V, F, V, F.

4. As aulas de PLE/PL2 em grupos e principalmente em imersão proporcionam desafios especiais, pois podemos ter no mesmo grupo perfil e interesses muito diferentes. Muitas vezes, é necessário fornecer atividades extras para alguns alunos que estão muito à frente de outros. Essas turmas parecem lembrar as salas multisseriadas. O que fazer nessas situações?

Analise as opções listadas a seguir.

I. Preparar materiais que possam contemplar diferentes níveis de letramento.
II. Analisar cuidadosamente o perfil dos alunos e propor tarefas colaborativas.
III. Planejar as aulas e preparar materiais específicos para o público com o qual trabalhamos.
IV. Ensinar estratégias que favoreçam a intercompreensão entre as línguas.

Agora, assinale a alternativa que indica as opções corretas:
a. Apenas I e III.
b. Apenas I e II.
c. Apenas II e III.
d. Todas as opções estão corretas.

5. As relações de trocas interculturais são muito propícias nas aulas de PLE/PL2, pois a todo momento estamos confrontando e vivenciando situações que podem ser estranhas, mas ao mesmo tempo interessantes justamente porque são diferentes.

O que pode ser considerado não apropriado proporcionar ou propor nos materiais didáticos em relação aos aspectos interculturais?

Analise as opções listadas a seguir.

I. Proporcionar comparações contrastivas frequentes entre a cultura A e a cultura B a fim de valorizar a mais adequada ou prestigiada.

II. Insistir em situações conflituosas para favorecer as discussões.

III. Valorizar a atitude do professor como agente facilitador e promotor de sensibilizações interculturais.

IV. Propor discussões e análises muito acima do nível de proficiência dos alunos a fim de que construam vocabulário.

Agora, assinale a alternativa que indica as opções corretas:

a. Apenas I e II.
b. Apenas III.
c. Apenas II e III.
d. Apenas II e IV.

Atividades de aprendizagem

Questões para reflexão

1. De acordo com o conteúdo apresentado no capítulo, qual é o papel de professores diante de situações de divergências culturais ou de pontos de vistas contrastantes? Dê sua opinião sobre qual seria a melhor atitude do professor nesse contexto. Considere algumas das situações a seguir:

a. Dois alunos de um mesmo país discutem sobre o que é certo ou errado na sua língua.

b. Alunos da China Continental insistem em dizer que Taiwan e Hong Kong fazem parte da China e alunos taiwaneses e de Hong Kong dizem que seus países têm autonomia.
c. Um aluno faz críticas a algum hábito dos brasileiros.
d. Um aluno diz que o correto é apenas o português de Portugal e refere-se ao português brasileiro como errado.

Atividades aplicadas: prática

1. No quadro apresentado na sequência, destacam-se dois temas frequentes nos materiais didáticos de PLE/PL2 (hábitos alimentares e uso de novas tecnologias). Sobre eles, elabore quatro perguntas para compor uma atividade didática com a intenção de desenvolver a sensibilidade intercultural. Tenha como referência a proposta a seguir, referente ao tema "Viver no campo ou na cidade".

Introdução ao tema

1. Converse sobre as seguintes questões:
   a. Quais as vantagens e as desvantagens de morar em cidades grandes?
   b. Se você pudesse escolher, o que preferiria: viver no campo ou na cidade?
   c. No seu país há muito contraste entre as áreas urbanas e as rurais?
   d. Como as pessoas dessas áreas (urbana e rural) são vistas? Apresente características, seja do seu país, seja do Brasil.
   e. Que outras palavras têm o mesmo sentido de "rural"?

Fonte: Material didático do nível Intermediário 2, apostila Celin-UFPR (Centro de Línguas e Interculturalidade da Universidade Federal do Paraná).

Tema 1 = Hábitos alimentares	Tema 2 = Uso das novas tecnologias
1.	1.
2.	2.
3.	3.
4.	4.

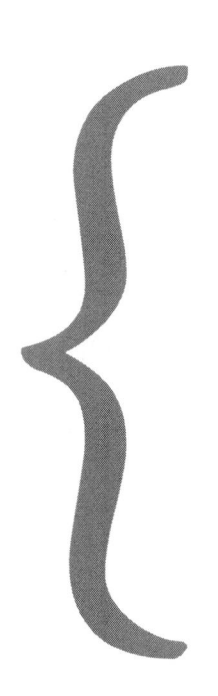

{

um	Conceitos, definições e observações práticas sobre materiais didáticos
dois	Reflexões sobre abordagens de ensino de PLE/PL2
três	**Exploração de gêneros textuais/discursivos nos materiais didáticos de PLE/PL2**
quatro	Qual o espaço da gramática no ensino de PLE/PL2?
cinco	Critérios para análise de materiais didáticos para ensino de PLE/PL2
seis	Elaboração de unidades temáticas para o ensino de PLE/PL2

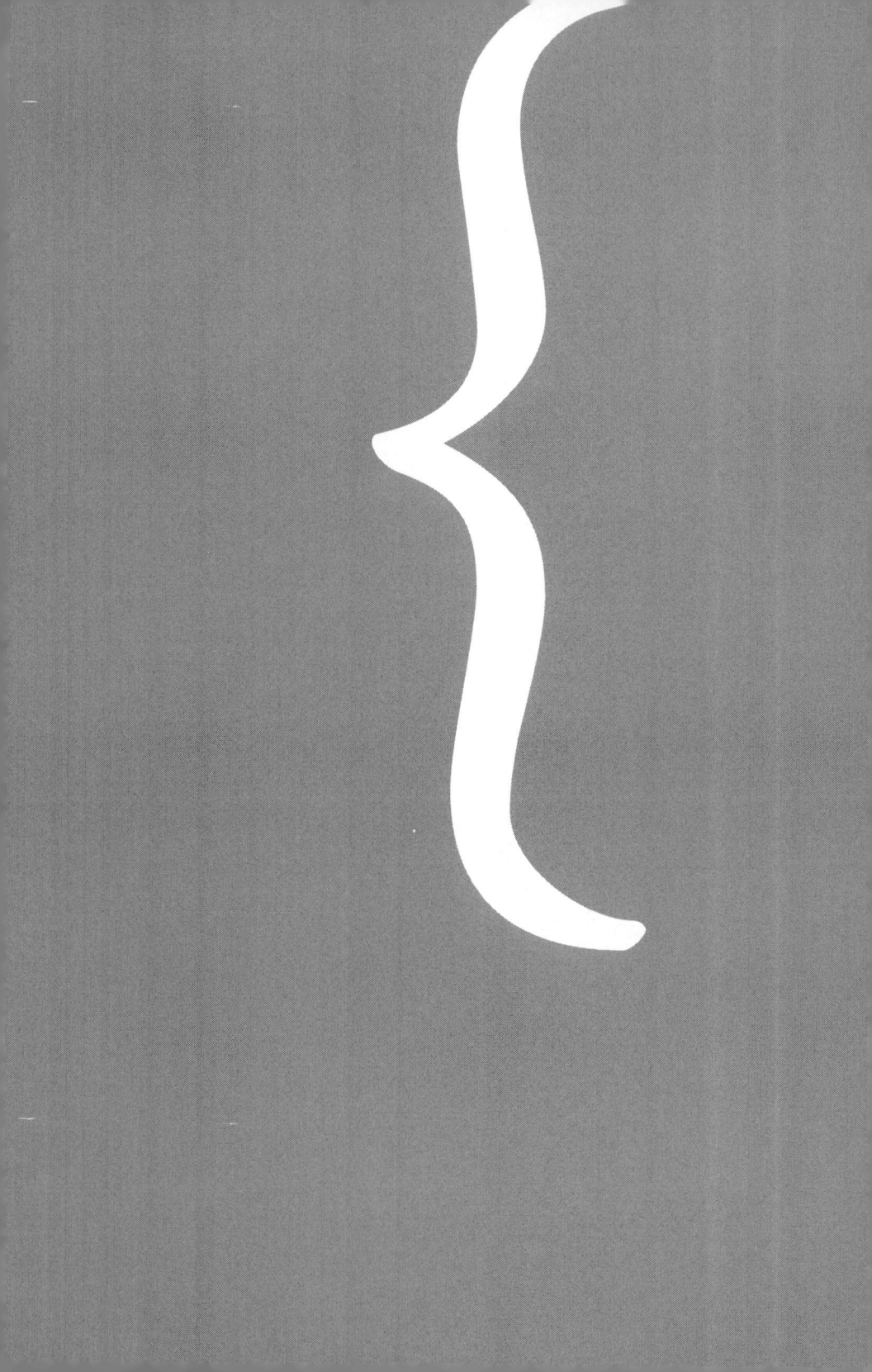

❰ NOS DOIS PRIMEIROS capítulos, procuramos apresentar conceitos diversos ligados ao processo de ensino-aprendizagem, mas em especial os relacionados à produção de materiais didáticos para o ensino de línguas. Ressaltamos alguns pontos essenciais a serem observados e propusemos reflexões sobre a abordagem intercultural, por entendermos que questões relacionadas à língua e à cultura estão presentes a todo momento nas aulas e nos materiais didáticos. É importante ressaltarmos a necessidade de observar a indissocialidade entre língua e cultura. Apresentamos também algumas situações complexas que podem surgir nos encontros entre diversas culturas e destacamos que a interculturalidade permeia os espaços de aprendizagem de forma fluida e diversificada.

Neste capítulo, abordaremos um assunto que se manifesta tanto nas aulas como nos materiais didáticos em geral de forma concreta, ou seja, diferentemente do que ocorre com as relações interculturais, os diferentes textos que utilizamos são visualmente perceptíveis e têm formato e composição discursiva relativamente definidos. Diante dessas colocações, você pode pensar, então, que vai ser mais fácil a compreensão do estudo que vamos realizar. De certa forma sim, pois temos certo distanciamento em relação aos textos que podem ser visualizados e analisados; no entanto, sua diversidade e composição trazem desafios variados para as práticas de ensino de línguas.

No fim deste capítulo, proporemos reflexões e sugestões práticas para a elaboração de atividades de leitura e compreensão de textos orais e escritos no contexto do ensino de PLE/PL2.

trêspontoum
Os gêneros textuais/discursivos e o ensino de línguas

Durante algum tempo, os livros didáticos para o ensino de línguas restringiam-se a propor atividades com base em frases. No máximo, podiam ser encontrados diálogos que, em geral, reproduziam situações cotidianas. Isso tudo é compreensível quando imaginamos que as pessoas falam através de frases; portanto, as atividades propostas eram voltadas à produção de sentenças significativas ou corretas. Depois, por volta dos anos 1960 e 1970, surgiram muitos estudos que buscavam mostrar que a comunicação se dá através de enunciados, que podem incluir frases, textos e até mesmo palavras. A preocupação dos pesquisadores passou a ser a observação dos atos comunicativos como um conjunto de ideias ou intenções comunicativas, não mais se restringindo a pensar a comunicação na unidade de sentido frasal. Algumas décadas depois, pudemos ver muitos estudos relacionados a gêneros* textuais e a gêneros discursivos. Esses estudos investigam a constituição, a descrição, a tipologia, as características e o formato de textos e discursos. Da mesma forma que, no capítulo anterior, destacamos dois elementos indissociáveis (língua e cultura), aqui voltamos nossa atenção a dois componentes de uma mesma unidade (forma textual e discurso) – nas palavras de Bakhtin (2011), oração e enunciado –, em que *forma textual* se refere à materialidade linguística através da qual o texto se apresenta e *discurso*, a diferentes estilos de expressão e de composição dos textos que constituem sua caracterização comunicativa.

Note que, como já explicamos, temos utilizado neste capítulo tanto a denominação *gêneros textuais* quanto a denominação *gêneros discursivos*. Sobre esse tema, sugerimos o artigo "Gêneros textuais e(ou) gêneros discursivos: uma questão de nomenclatura?" (Dias et al., 2011). Esses autores fazem reflexões sobre essas duas linhas de estudo, argumentando que elas apresentam diferenças, sobretudo de modos de interpretar os elementos teóricos que as direcionam. Os autores se baseiam em estudos realizados por Rojo (2005, p. 196) para afirmar que os pesquisadores de ambas as áreas

---

* Observe que a palavra *gênero* está sendo usada em referência a possibilidades de definição/classificação, seja de formatos de textos e discursos, seja de elementos que os constituem.

> ao concretizarem suas análises o faziam por meio de categorias analíticas distintas. Ou seja, os analistas do discurso recorriam às marcas linguísticas determinadas pelas situações de enunciação que produziam significações e temas relevantes no discurso e, ao fazê-lo, utilizavam-se de um aporte teórico de base enunciativa. Os analistas textuais, por sua vez, recorriam às bases teóricas da linguística textual, com o intuito de analisar a estrutura ou forma composicional, que se fazem presentes na composição dos textos dos gêneros.

Conforme essa citação, embora as duas linhas tenham seus estudos na mesma área, destacam seus objetos de análise de forma diferente e os analisam de acordo com suas referências teóricas e interesses.

De qualquer forma, quanto ao ensino de línguas, ambas as linhas podem trazer contribuições. Acreditamos, porém, que estudos ligados aos gêneros discursivos podem favorecer a percepção de elementos discursivos e enunciativos inerentes aos muitos tipos de textos.

Na sequência, examinaremos algumas classificações referentes aos gêneros discursivos e textuais. Segundo Charaudeau (2012, p. 85), os modos de organização do discurso são assim classificados: enunciativo (inclui os textos injuntivos, aqueles que têm relação de forma ou pedido), descritivo, narrativo e argumentativo. No Quadro 3.1, apresentamos uma distribuição dos gêneros textuais por domínios discursivos e modalidades proposta por Marcuschi (2008). Aqui mencionamos apenas alguns exemplos citados pelo autor; também acrescentamos outros exemplos que julgamos necessários. Certamente conhecer várias possibilidades de textos é útil para o planejamento de cursos. Você poderá aumentar a lista de acordo com textos frequentes em sua região.

QUADRO 3.1 – GÊNEROS TEXTUAIS POR DOMÍNIOS DISCURSIVOS E MODALIDADES

Domínios discursivos	Modalidades de uso da língua	
	Escrita	Oralidade
Instrucional (Científico, acadêmico e educacional)	Artigos científicos, teses, dissertações, monografias, resumos de livros, resenhas, biografias, currículo, manuais de ensino.	Conferências, debates, discussões, exposições e comunicações, aulas expositivas, exames orais, seminários, entrevistas de seleção*.
Jornalístico	Notícias, reportagens, artigos de opinião, crônica policial, anúncios, classificados, cartas do leitor, capa de revista, boletim do tempo, charge, caricatura, enquete, reclamações, entrevistas, materiais informativos.	Entrevistas televisivas e radiofônicas, notícas de TV ou rádio, reportagens ao vivo, comentários, debates, apresentações, boletim do tempo.
Religioso	Orações, homilias, cânticos.	Orações, cantos, leitura de trechos bíblicos, sermões, palestras, orientações.

(continua)

* Observe que essas modalidades de textos estão fortemente ligadas a um planejamento escrito.

(*Quadro 3.1 – continuação*)

Domínios discursivos	Modalidades de uso da língua	
	Escrita	Oralidade
Saúde	Receita médica, bula de remédio, parecer médico, receitas caseiras.	Consulta médica, parecer médico.
Comercial	Rótulos, notas de venda, fatura, classificados, publicidade, nota fiscal, boleto, formulário de compra, bilhete de viagem, certificado de garantia, contrato de aluguel.	Publicidades, refrão, *jingles*, vendas de rua, em lojas e pela internet.
Industrial	Instruções de montagem, avisos, manuais de instrução.	Ordens, orientações, avisos, solicitações etc.
Jurídico	Contratos, leis, regimentos, certidões, diplomas, normas, regras, editais, regulamentos, boletim de ocorrência (BO), documentos (RG, CPF, CNH).	Declarações, inquéritos, depoimentos.
Publicitário	Propagandas, publicidades, anúncios, cartazes, folhetos, logomarcas, avisos, *outdoors*, placas.	Publicidade na TV e no rádio.
Lazer	Piadas, jogos, adivinhas, histórias em quadrinhos, palavras cruzadas, horóscopo.	Fofocas, piadas, adivinhas, jogos teatrais.

(Quadro 3.1 – conclusão)

Domínios discursivos	Modalidades de uso da língua	
	Escrita	Oralidade
Interpessoal	Cartas pessoais, cartas comerciais, cartas abertas, cartas ao leitor, cartas oficiais, carta-convite, cartão de visita, *e-mail*, bilhetes, atas, boletins, relatos, agradecimentos, convites, diário pessoal, aviso fúnebre, formulários, placas, mapas, catálogos, bate-papo virtual.	Recados, conversações espontâneas, telefonemas, bate-papo virtual, agradecimentos, avisos, advertências, ameaças, provérbios.
Militar	Ordem do dia, roteiro de cerimônias oficiais, lista de tarefas.	Ordem do dia.
Ficcional	Poemas, contos, mitos, peças de teatro, lendas, parlendas, fábulas, romances, dramas, crônicas, roteiro de filmes.	Fábulas, contos, lendas, poemas, declamações, encenações.

FONTE: Elaborado com base em Marcurschi, 2008, p. 194-195.

No quadro, o autor divide os textos escritos e orais em colunas diferentes, porém sabemos que muitas modalidades de uso da língua misturam ou conectam a escrita e a oralidade. É preciso comentar, ainda, que os professores de PLE/PL2 devem observar as características de cada sociedade, em que se pode privilegiar a oralidade, caso em que haverá exemplos de textos escritos são em menor número.

trêspontodois
Considerações sobre o que é texto

Conforme vimos anteriormente, textos diversos são utilizados na confecção de materiais didáticos para o ensino de línguas, porém, mais do que isso, os textos são considerados muitas vezes como o elemento principal para ser o disparador de atividades, discussões e análises nas aulas. Para a área do ensino de PLE/PL2, o construto teórico do exame de proficiência Celpe-Bras* é uma referência importante e em sua base estão os gêneros discursivos. Tudo isso é visto como incentivo para a utilização de textos frequentemente. Muitos professores preparam suas aulas partindo da escolha de um texto que lhes parece apropriado. Quando falamos em *texto*, não estamos apenas nos referindo a textos escritos, embora seja o sentido mais frequente atribuído a essa palavra. Estamos, na verdade, considerando toda e qualquer composição de sentido com um formato conhecido por um grande número de pessoas, as quais as utilizam para se comunicarem. Incluímos nesse amplo sentido os textos escritos (como uma notícia de jornal impresso), orais (como um documentário televisivo) e imagens (fotos, desenhos, caricaturas, charges).

---

* Certificado de Proficiência em Língua Portuguesa para Estrangeiros. Para saber mais, acesse: <http://portal.inep.gov.br/acoes-internacionais/celpe-bras>. Você também pode obter informações sobre esse certificado no *site* <http://www.ufrgs.br/acervocelpebras/acervo> e no livro *Metodologia de ensino de língua portuguesa como língua estrangeira*, publicado pela Editora InterSaberes em 2019.

Para Charaudeau (2012, p. 68), o texto "representa o resultado material do ato de comunicação e que resulta de escolhas conscientes (ou inconscientes) feitas pelo sujeito falante dentre as categorias de língua e os modos de organização do discurso, em função das restrições impostas pela situação".

Os textos são condicionados a situações sociais nas quais eles circulam e se constituem, contudo um bom número de textos e discursos é compartilhado por pessoas de diferentes lugares. Podemos observar que nossos alunos provenientes de outros países compartilham conosco o conhecimento de diferentes formas comunicativas. De modo geral, todos sabem o que são notícias, poemas, cartas, *e-mails*, declarações, relatos, descrições, porém o conhecimento sobre o que são e qual é seu formato não significa que conseguirão produzir com proficiência ou naturalidade tais textos. A possibilidade ou não de produzi-los estará condicionada ao conhecimento do código linguístico, das particularidades de uso desses textos na sociedade em que se encontram e, acima de tudo, da familiaridade com a produção de textos em sua língua materna. Este último item também é conhecido como *letramento* e, segundo Soares (2004, p. 39-40, citado por Mittelstadt, 2010, p. 25), um sujeito letrado "é não só aquele que sabe ler ou escrever, mas aquele que usa socialmente a leitura e a escrita, pratica a leitura e a escrita, responde adequadamente às demandas sociais de leitura e de escrita".

Entretanto, avaliar se uma pessoa é letrada ou não pode ser uma tarefa um tanto difícil, principalmente se estamos falando de estudantes de PLE/PL2. Talvez a eventual dificuldade em escrever e ler em uma nova língua (língua estrangeira) se deva muito mais ao fato de não se conhecer o código linguístico. Em alguns casos, além disso, os alunos demonstram dificuldade em perceber o formato e a função social de determinados textos. Consequentemente, isso implicará maior esforço em produzi-los. Nesses casos, é necessário observar o que os alunos conseguem escrever para, então, poder orientá-los caso tenham dificuldade ou estejam pouco familiarizados com determinados textos e discursos.

A multiplicidade ou variedade de tipos de letramentos tem incentivado os estudos dessa área a ampliar seus horizontes e, por isso, o "letramento deixa de ser visto como singular e unificado, e passa a ser entendido como 'letramentos' ou 'práticas de letramentos" (Mittelstadt, 2010, p. 28).

Para quem ensina PLE/PL2 para grupos multiculturais, o trabalho com textos deve ser analisado com muito cuidado. Muitas vezes, os professores acabam evitando levar textos para as aulas em razão de seus alunos apresentarem diferentes níveis de letramento. Nesses casos, é necessário ter em mente e também informar aos alunos que os textos não precisam ser esgotados, ou seja, não precisamos entender absolutamente tudo o que está escrito ou tudo o que é falado no vídeo. Talvez alguns alunos tenham dificuldade para aceitar isso, mas, se observarmos a vida cotidiana, as pessoas em geral (em sua língua materna) não entendem tudo o que está escrito em um texto e mesmo em vídeos e áudios o tempo todo. A cada aula, os alunos se apropriam de mais conhecimentos e assim aprendem. Em grupos mistos, é possível que alguns consigam ler e entender todo o conteúdo de um texto e outros apenas parcialmente. Nesses casos, é importante lidar com essa possibilidade e informar aos alunos que se trata de um processo normal na aprendizagem.

Na sequência, vamos tratar de mais uma característica relacionada aos textos em geral, a multimodalidade.

trêspontotrês
Multimodalidade: diversidade na composição dos textos

Se observarmos os textos que estão ao nosso redor, veremos que eles se apresentam de modos bastante variados e a cada momento surgem formas diferentes de se comunicar utilizando-se não apenas o código verbal, mas também o não verbal.

Conforme explica Duboc (2007, p. 217), na atualidade o texto é multimodal, isto é, "apresenta-se amalgamado por meio da aproximação e justaposição de diferentes modos de comunicação, verbais e não verbais (imagens, sons, gráficos, *emoticons*, *hyperlinks*)". Diante dessa condição, podemos imaginar que as práticas de ensino precisam obrigatoriamente ampliar-se e procurar favorecer a leitura, a compreensão e a produção de textos nessas condições. Essa necessidade também vale para os cursos de PLE/PL2, por isso, ao prepararmos nossas aulas, podemos incluir textos diversos e pensar em tarefas de produção de textos que possibilitem a produção igualmente de multiletramentos.

Devemos observar também que as formas de comunicação atual estão cada vez mais virtuais e mescladas, o que não desmerece sua condição como formas de comunicação. Observe, por exemplo, as atividades que podemos postar em programas como *padlet**, que são murais virtuais em que alunos e professores postam seus textos em geral. Encontramos informações sobre esse aplicativo em *sites*, assim como dados sobre aplicativos para desenvolver jogos, exercícios e atividades para serem usadas em aulas de línguas.

Um exemplo bastante prático de textos multimodais são as mensagens enviadas via celular por meio de aplicativos. Essas mensagens passaram a ser utilizadas nas relações pessoais em geral, inclusive em âmbito profissional. Não sabemos por quanto tempo o uso de tais aplicativos estará em alta, mas atualmente tem sido um meio bastante frequente de interação entre as pessoas. Certamente esse tipo de mensagem deve ser praticado e explorado com nossos(as) alunos(as), pois provavelmente eles o utilizarão em interações sociais.

---

* *Padlet* é um tipo de ferramenta (aplicativo gratuito) utilizado para postar textos diversos ou tarefas solicitadas pelos(as) professores(as) e que permite que todos os participantes vejam a produção de todos.

trêspontoquatro
A escolha de textos e a elaboração de atividades para o ensino de PLE/PL2

Como vimos na seção anterior, a maioria das sociedades atuais utiliza um grande número de textos de variados formatos em diversas situações de interação. Se dermos uma voltinha em uma via movimentada no centro de uma cidade, podemos nos deparar com folhetos, cartões de visita, placas de propagandas, boletos bancários, recibos, jornais, revistas, entre outras tantas possibilidades. Observe que destacamos os textos escritos, mas podemos ter contato com diversos textos orais, como narrativas, explicações, orientações, propagandas e descrições. Quando falamos em textos orais, fica um tanto mais difícil visualizarmos seu formato, pois um gênero se mistura a outro. Podemos, então, falar do que é predominante, mas vemos que, de modo geral, os textos se caracterizam por diferentes estilos ou influências.

Embora tudo isso faça parte de nossa vida, no momento em que precisamos pensar em como devemos utilizar os textos nas práticas didáticas, algumas dúvidas costumam surgir. Frequentemente, observamos questionamentos sobre como elaborar questões de exploração de textos, tais como: Quais textos podem ser usados? Quais as fontes de texto são mais apropriadas? Como podemos explorar os conteúdos gramaticais existentes em textos? Devemos mesmo explorá-los? Apresentaremos aqui algumas questões bastante relevantes e, no decorrer dos capítulos, faremos alguns esclarecimentos sobre cada umas delas. Na sequência, vamos seguir com reflexões sobre a escolha de textos e sua didatização ou elaboração de atividades. Primeiramente, vamos discorrer sobre o percurso da utilização de textos nas últimas décadas.

3.4.1 Textos autênticos e elaboração de atividades didáticas de PLE/PL2

Por volta dos anos 1990, a utilização de textos, sobretudo autênticos, passou a nortear as propostas didáticas para o ensino de línguas. Os textos autênticos são aqueles produzidos para serem lidos pela população em geral e publicados em vários meios de comunicação. Esses textos passaram a ser usados por professores e alunos com objetivos didáticos, porém não foram produzidos especialmente para isso. Veja a seguir dois exemplos de trabalho com textos e observe o formato de cada um desses textos.

FIGURA 3.1 – ATIVIDADE DE LEITURA E COMPREENSÃO DE TEXTO – ATIVIDADE I

> **Atividade 1**
>
> LEITURA
>
> Leia o texto a seguir:
>
> O Carnaval é uma festa muito popular no Brasil. Pode acontecer nas ruas, nos clubes ou em lugares específicos para o desfile. Em algumas cidades, essa festa é maior e junta milhares de pessoas, como acontece no Rio de Janeiro, em São Paulo, Recife e Salvador. Existe o período do pré-carnaval, que pode começar ainda em janeiro. As pessoas normalmente se divertem muito, usam fantasias e dançam músicas de carnaval.

FIGURA 3.2 – ATIVIDADE DE LEITURA E PRODUÇÃO DE TEXTO – ATIVIDADE 2

> 6/04/09 – 08h28 – Atualizado em 06/04/09 – 09h40
>
> **Estrangeiros viajam para Florianópolis para casar**
>
> Cerimonialista diz que vista para o mar é a principal exigência. Ideia movimenta economia da capital de Santa Catarina.
>
> Do G1, em São Paulo, com informações da Globo News
>
> Florianópolis se tornou destino de estrangeiros que querem casar em um lugar paradisíaco. A ideia tem movimentado a economia da ilha e atrai cada vez mais casais.
> Um noivo americano diz que ficou mais entusiasmado com a festa na capital de Santa Catarina depois que viu, em um famoso jornal americano, uma reportagem sobre o assunto.
> Segundo os organizadores do evento, o custo de um casamento no Brasil chega a ser três vezes mais baixo do que na Europa ou Estados Unidos. "A principal exigência [dos estrangeiros] é a vista para o mar", diz a cerimonialista Bel Tironi.
> ESTRANGEIROS viajam para Florianópolis para casar. Disponível em: <http://g1.globo.com/Noticias/Brasil/0,,MUL1073997-5598,00-ESTRANGEIROS+VIAJAM+PARA+FLORIANOPOLIS+PARA+CASAR.html>. Acesso em: 18 jun. 2010.

Agora você é o escritor! Conte a história de um casal de estrangeiros que se casou em Florianópolis e decidiu ficar morando no Brasil. Mãos à obra!

FONTE: Romanichen, 2010, p. 13.

Na atividade de leitura e compreensão de texto da Figura 3.1, vemos que o texto não tem fonte, ou seja, informações sobre quem escreveu (autor) e onde foi publicado (revista, enciclopédia, jornal etc.). Temos, então, um texto informativo para uma atividade de leitura e compreensão a ser feita em sala de aula provavelmente para praticar o conteúdo sobre Carnaval.

Na atividade 2, vemos uma produção atual, com foto e o formato do texto nos moldes de textos autênticos disponíveis atualmente em mídias eletrônicas. O texto certamente não foi escrito para fazer parte de um livro didático, mas foi escolhido pelo autor do livro para compor a unidade temática que faz parte de um manual publicado. Junto ao texto há informações relacionadas à sua fonte, o que compõe todo o seu conjunto discursivo. Percebemos que é uma notícia e que tem a intenção de descrever um fato social que envolve classes sociais com melhores condições financeiras. A notícia também envolve "estrangeiros", pois essa palavra aparece no título e é provável que os alunos se identifiquem ou pelo menos isso chame sua atenção.

Ao mostrarmos essas duas atividades, nosso objetivo é destacar um percurso de evolução e desenvolvimento quanto ao uso de textos para o ensino de línguas e especialmente para o ensino de PLE/PL2. No último capítulo deste livro, apresentaremos exemplos de elaboração de atividades com textos autênticos. Sugerimos a leitura de um artigo escrito por Santos e Baumvol (2012, p. 45-70), em que as autoras apresentam o roteiro de uma sequência didática para explorar o gênero *carta ao leitor* voltada ao ensino de português para estrangeiros. Nesse roteiro, elas apresentam detalhamente etapas de elaboração da proposta. Outra opção para ver exemplos de atividades relacionadas ao trabalho com textos você pode encontrar em Santos (2014).

3.4.2 Orientações práticas para a elaboração de atividades com textos escritos

Os textos podem ter muitas funções nas aulas de línguas: podem ser fonte de informação, utilizados elementos disparadores para a discussão de assuntos ou temas, podem funcionar como introdução para o desenvolvimento de produções textuais diversas, podem ser usados para o estudo metalinguístico sobre a produção discursiva e também podem servir como pretexto para o estudo de tópicos gramaticais. Vamos analisar alguns desses usos.

A escolha de textos deve estar atrelada ao planejamento ou ao currículo do curso. Mesmo no caso de aulas particulares, o ideal é fazer juntamente com o aluno um planejamento de quais serão os temas a serem tratados e, a partir disso, distribuir os conteúdos e os gêneros textuais/discursivos a serem usados. Considerações sobre o planejamento de cursos com base em gêneros textuais/discursivos podem ser encontrados no livro *Metodologia de ensino de língua portuguesa como língua estrangeira*, publicado pela Editora InterSaberes em 2019.

Vamos apresentar, na sequência, algumas observações sobre a escolha de textos para compor atividades, unidades temáticas ou didáticas. Para auxiliar a análise, leia os textos a seguir.

Figura 3.3 – Texto sobre saúde do viajante, do Ministério da Saúde

[Captura de tela do portal do Ministério do Turismo com o texto "Saúde do Viajante", publicado em Quinta, 28 de Janeiro de 2016, 11h15 | Última atualização em Segunda, 05 de Dezembro de 2016, 11h39.

"Para que você tenha uma ótima viagem no Brasil, e leve de volta para casa apenas boas recordações, consulte dicas práticas e informações essenciais que vão ajudar a proteger a sua saúde e tornar suas férias mais agradáveis e tranquilas.

O Brasil oferece, tanto ao turista brasileiro quanto ao estrangeiro, muitas opções de passeios, com destaque para os naturais, de aventura e histórico-culturais. O país tem proporções continentais e por isso suas diferentes regiões apresentam grandes variações quanto ao clima, relevo e vegetação. Cada uma requer cuidados específicos de saúde."]

FONTE: Brasil, 2016.

Agora, responda às perguntas a seguir considerando o perfil de seus alunos:

1. Você acha que esse texto vai gerar interlocução, ou seja, provocará uma relação dialógica que motiva os alunos a se expressarem, a se posicionarem ou mesmo a se interessarem pelo conteúdo da informação?
2. O texto está adequado ao nível de proficiência dos alunos?
3. Para que esse texto vai contribuir? Ele é necessário nesse momento do curso?
4. Qual é o gênero textual/discursivo a que pertence o texto? Você já utilizou muitas vezes textos desse mesmo gênero?

5. O texto permite a elaboração de perguntas interessantes e relevantes para o público com o qual você trabalha?
6. O texto pode desencadear uma atividade de conversação ou discussão? O que poderíamos discutir partindo desse texto?
7. O texto é bem escrito?
8. O conteúdo do texto apresenta alguma ideia, imagem ou conteúdo não adequado, como ideias estereotipadas, preconceituosas ou constrangedoras?

A lista de perguntas poderia ser muito maior, mas temos aqui um bom número de questionamentos e, se você ficar em dúvida em muitas delas, talvez o texto não seja suficientemente interessante ou útil para seus alunos. Observe que a primeira questão é nosso ponto de partida mais relevante e já falamos sobre isso no Capítulo 2, na Seção 2.2. Embora seja difícil prever os efeitos de um texto, conseguimos prever se pode ser interessante/dialógico ou não para o público a quem se destina, caso conheçamos nossos alunos.

A segunda questão trata da adequação ao nível de proficiência, o que significa analisar se o texto não está difícil ou fácil demais. Esse texto poderia ser usado com alunos hispanos iniciantes, mas, caso fosse utilizado com alunos falantes de línguas distantes no início do curso, eles certamente precisariam de ajuda. Também seria possível tentar explorar algumas estratégias de leitura, como procurar identificar as palavras conhecidas para então inferir do que se está falando e perceber os elementos que compõem o texto, como fonte e título. Seria possível também utilizar o texto com alunos mais adiantados, mas ele seria usado como leitura inicial para depois se desenvolver outra atividade de leitura ou vídeo; seria então como uma preparação para uma proposta maior. Veja que o texto tem um posicionamento político, e isso poderia ser explorado para análise crítica e discussão.

Devemos observar que as perguntas de compreensão de texto não devem ser óbvias ou de fácil identificação no texto, de modo que os alunos apenas retirem dele as frases para as respostas. Embora isso possa ser útil em níveis iniciais para estudantes de línguas distantes, o ideal é que as perguntas sejam elaboradas e envolvam a compreensão de modo geral, não sendo pontuais ou pouco instigantes.

Em muitos livros didáticos, temos visto a repetição de algumas perguntas para iniciar o estudo de leitura e de produção de textos. As perguntas geralmente são para que o leitor observe quem é o autor do texto, onde foi publicado, qual é seu formato. Essas questões instigam o leitor a perceber um conjunto de informações que vão auxiliá-lo a compor o entendimento do conteúdo do texto. Apesar de essa estratégia ser importante e claramente útil, se fizermos isso a todo tempo nas atividades, é possível que, com alunos adultos e principalmente com leitores experientes, essa prática se torne repetitiva e, por vezes, chata. Talvez seja necessário pensar em diferentes formas de sensibilizar os leitores para a identificação/percepção dos elementos gerais dos textos e igualmente das estratégias de leitura no decorrer de um curso. É possível considerarmos também que, em determinados momentos da aprendizagem, é desnecessário chamar a atenção dos alunos para esses tópicos.

Queremos descatar, por fim, que o professor escolhe o texto que será lido pelos alunos, pelo menos na maioria dos casos, e essa condição resulta em direcionar a atividade de leitura. Certamente isso pode causar algum desinteresse por parte dos estudantes; por outro lado, o professor fará suas escolhas com intenções didáticas e provavelmente importantes para a aprendizagem.

Você pode ler mais sobre esse assunto no trabalho realizado de Brião (2012): "Uma proposta de material didático de leitura e produção textual para o ensino de português como língua adicional*".

trêspontocinco
Exploração de textos orais para compor atividades de ensino de PLE/PL2

De modo geral, os livros didáticos para o ensino de línguas, assim como muitas atividades para esse fim, tendem a valorizar o trabalho com os textos escritos. Essa também é uma característica muito presente nos manuais para o ensino de português como língua materna. No entanto, para o ensino de língua portuguesa para brasileiros nas escolares regulares, entendemos perfeitamente a

---

* *Língua adicional* é o termo usado por algumas universidades brasileiras e cursos de línguas que faz referência ao ensino de língua estrangeira ou segunda língua. A opção por esse termo está ligada a um conceito amplo de aprendizagem de línguas segundo o qual, quando aprendemos outra língua, esta é mais uma que adicionamos ao nosso repertório.

necessidade de formar leitores e igualmente a necessidade de praticar a norma culta da língua e a produção de textos. Para os alunos de PLE/PL2, devemos checar com eles quais são suas prioridades e, a partir disso, tomar decisões quanto aos textos que serão utilizados. É possível que alguns alunos procurem aulas de português justamente para melhorar sua escrita, enquanto outros não sentem essa necessidade e querem investir o tempo das aulas para praticar a oralidade. De qualquer modo, o professor terá de avaliar bem os interesses dos alunos e, para isso, deverá observar o que o material utilizado prioriza.

Apresentaremos, na sequência, reflexões sobre a prática de textos orais, especialmente o trabalho com diálogos, vídeos e áudios.

No passado, os diálogos eram amplamente usados nos materiais didáticos. Com a abordagem comunicativa, esse formado de texto passou a ser muito valorizado. Mais recentemente, houve a grande valorização dos textos escritos e, assim, a diminuição dessas propostas em materiais didáticos em geral.

Os diálogos favorecem especialmente o ensino da dinâmica da linguagem, ou seja, a interação dialógica entre os participantes de um ato comunicativo. Talvez todos os alunos no período inicial possam se favorecer com a prática desse tipo de texto, mas isso será especialmente útil para alunos falantes de línguas distantes do português, como alunos chineses, japoneses e coreanos. A preocupação, então, seria em como elaborar os diálogos e em que momento da aula explorá-los. Os diálogos devem ser o mais próximo de situações reais de comunicação e devem ser usados, sobretudo, no início dos cursos e ligados a situações de atos de fala contextualizados. Observe a seguir um exemplo de diálogo utilizado em um material didático destinado a estudantes iniciantes.

Figura 3.4 – Atividade de interação oral

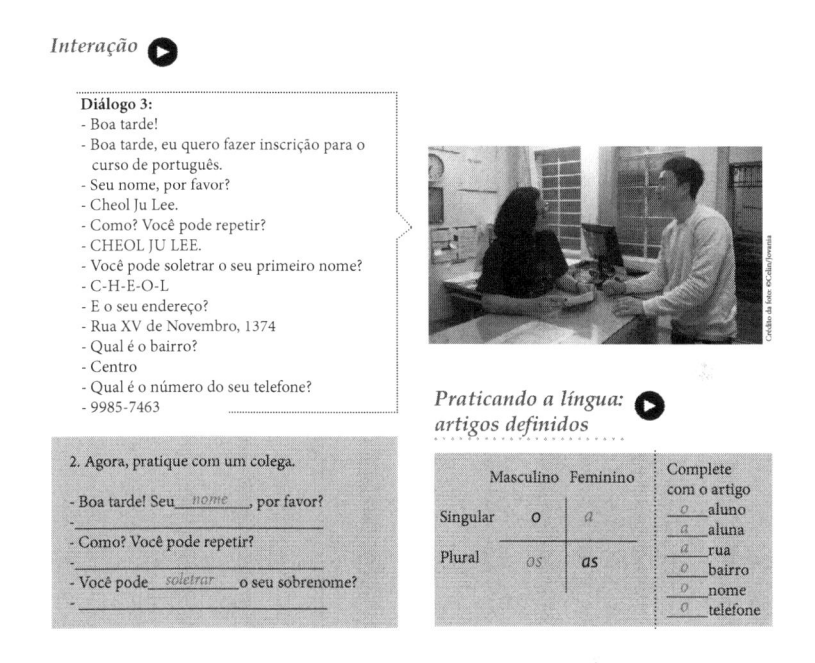

Interação

Diálogo 3:
- Boa tarde!
- Boa tarde, eu quero fazer inscrição para o curso de português.
- Seu nome, por favor?
- Cheol Ju Lee.
- Como? Você pode repetir?
- CHEOL JU LEE.
- Você pode soletrar o seu primeiro nome?
- C-H-E-O-L
- E o seu endereço?
- Rua XV de Novembro, 1374
- Qual é o bairro?
- Centro
- Qual é o número do seu telefone?
- 9985-7463

Praticando a língua: artigos definidos

	Masculino	Feminino
Singular	o	a
Plural	os	as

Complete com o artigo
_o_ aluno
_a_ aluna
_a_ rua
_o_ bairro
_o_ nome
_o_ telefone

2. Agora, pratique com um colega.

- Boa tarde! Seu __nome__, por favor?

- Como? Você pode repetir?

- Você pode __soletrar__ o seu sobrenome?

FONTE: Perin Santos et al., 2020. (No prelo)

Observe que o diálogo apresenta no início de cada frase um travessão (–), o que indica a condição de oralidade. Note também que o diálogo é acompanhado de uma imagem, que representa o local em que normalmente acontece esse tipo de situação comunicativa, em que ocorrem a solicitação de informações e a inscrição em cursos. Isso tudo ajuda a contextualizar a cena enunciativa que é mostrada no diálogo, e os alunos devem apenas ler e acompanhar o áudio com a fala dos participantes; depois da escuta, então, devem praticar com um colega a leitura (dramatização) do diálogo e depois reconstruí-lo com suas informações.

Vejamos agora a elaboração de atividades com vídeos. Para escolher um vídeo para as aulas de PLE/PL2, da mesma forma que com os textos escritos, é necessário observar uma série de fatores, como mostramos na Seção 3.4.2. Vale a pena destacar que os vídeos, pela sua forma dinâmica, podem ainda ser mais difíceis do que a leitura de textos. São constituições de formas de comunicação relativamente diferentes, e a rapidez na fala em textos autênticos pode oferecer muita dificuldade de compreensão. Para iniciar a atividade de compreensão de áudios, é possível mostrar algumas imagens do próprio vídeo e pedir aos aprendizes que tentem identificar do que se trata. Em caso de vídeos curtos, pode-se proceder dessa forma; já para o trabalho com filmes e curtas-metragens, essa prática pode não ser interessante, porque vai adiantar os acontecimentos. Porém, no caso de notícias e reportagens curtas, isso ajudará a introduzir o assunto e a favorecer a compreensão. A seguir, mostramos uma atividade desenvolvida a partir de um vídeo disponível na internet.

Figura 3.5 – Atividade de compreensão de vídeo

> **Atividade de compreensão de vídeo**
>
> 1. Observe as imagens a seguir e tente identificar o assunto do vídeo a que vamos assistir. Faça uma lista de palavras para responder à pergunta: Sobre o que vai falar o vídeo? 
>
> 2. Agora assista ao vídeo e responda às questões de compreensão.
> 3. Compreensão do vídeo:
>   a. Que cidade brasileira é mostrada no vídeo?
>   b. Qual é o objetivo principal da notícia?
>   c. Que temperaturas normalmente chegam a fazer na cidade?
>   d. Você se interessa por fazer turismo em cidades onde faz frio?
>   e. Que atividades podem ser feitas em lugares frios?
>   f. Como é a temperatura média da cidade onde você mora?
>   g. Qual é a cidade ou região mais fria do seu país?

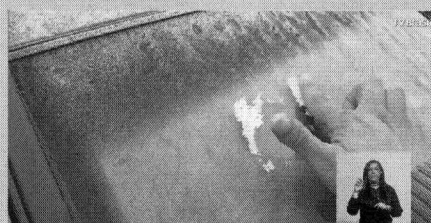

FONTE (vídeo): TV Brasil, 2018.

Observe que a atividade mostrada na Figura 3.5 apresenta algumas etapas de realização. Inicialmente, podemos propor aos estudantes que tentem identificar o tema do vídeo. Isso é diferente de apenas pedir a eles que assistam ao vídeo e iniciar a apresentação diretamente. Com essa proposta, é possível instigar a curiosidade dos alunos e contribuir com a prática de vocabulário.

O assunto mostrado no vídeo talvez a princípio não seja tão interessante, mas observe que as questões a serem feitas depois da exibição do vídeo incentivam o aluno a falar sobre sua experiência e a realidade em que vive. Assim, um tema relacionado a um lugar específico no Brasil e que, aliás, nem é o mais característico passa a favorecer a discussão ou a conversa sobre um assunto que é comum a todas as pessoas. Temos aqui temas universais, que são o clima, as estações do ano, o tempo e a temperatura. Por mais que tenhamos em sala de aula grupos de diferentes lugares do mundo, eles poderão falar sobre suas experiências ligadas a temperaturas climáticas e turismo. Mesmo que alguns alunos sejam provenientes de lugares quentes e que nunca tenham visitado localidades frias, eles podem relatar justamente esse fato e falar se gostariam de visitar lugares assim e o que imaginam que é possível fazer nos dias frios.

Vamos agora explorar uma atividade que favorece muito a compreensão de diferentes variedades do português brasileiro: a confecção de áudios com a participação de pessoas de diferentes lugares. Elaborar atividades de compreensão de áudio é muito fácil, principalmente nos dias atuais, em que os equipamentos de registro de voz são bastante populares. É necessário pensar em uma ou algumas perguntas que sejam relacionadas ao tema da unidade que está sendo trabalhada. Vamos imaginar que o tema é tipos de restaurantes e o público são alunos de nível iniciante. O professor pode pedir para que seus amigos de diferentes lugares do Brasil (de preferência) e também de diferentes idades respondam a uma pergunta, que poderia ser: Que tipo de restaurante você prefere em seu dia a dia? E para jantar em um dia especial? É importante orientar os amigos a falar claramente, porém em ritmo natural de fala. As respostas devem ser curtas e objetivas em razão do nível de proficiência dos alunos. Depois de receber as gravações, o professor deve ouvi-las e selecioná-las, pois nem todas costumam ser adequadas ao trabalho em sala de aula. Em seguida, é necessário pensar em como explorar o conteúdo dos áudios, e para isso há várias possibilidades. Como? Ouvir a resposta e anotar a opinião de cada participante. É interessante testar a atividade com alguns alunos e, de acordo com os resultados, é possível fazer algum ajuste e reavaliação.

A gravação de áudios pode ser proposta aos alunos em formato de tarefas. Nesse caso, eles(as) elaborariam a pergunta e fariam as gravações com pessoas de seu círculo para depois compartilhar as respostas com os colegas.

Fornecemos nesta seção algumas sugestões de atividades para explorar textos orais. O fato de o ensino ser em imersão, muitas vezes, faz com que os professores utilizem menos esse tipo de proposta. No entanto, a prática de compreensão de áudios e vídeos pode oferecer bastante dificuldade para os estudantes, mesmo estando em contato com pessoas que falam a língua-alvo em seu cotidiano. Segundo Francisco et al. (2016), alunos de PL2, estudantes do Centro de Línguas e Interculturalidade da

Universidade Federal do Paraná (Celin-UFPR), relataram que a habilidade comunicativa que mais sentiam dificuldade de realizar era falar ao telefone. Raramente pensamos em praticar essa forma de comunicação tampouco vemos propostas desse tipo nos livros didáticos.

Síntese

Neste capítulo, refletimos sobre o uso de textos diversos como fonte de trabalho para as aulas de PLE/PL2. Procuramos fornecer algumas sugestões práticas e, principalmente, estimular a utilização de textos autênticos e, com isso, contribuir para que os alunos estejam preparados para interagir nos espaços em que estiverem vivendo e se relacionando.

    Desde o início desta obra, temos afirmado que qualquer texto ou artefato pode ser utilizado para auxiliar ou viabilizar as práticas de ensino, mas o importante é analisar o contexto em que esses materiais serão usados, adequá-los às necessidades dos alunos, a seu nível de proficiência e ao conteúdo temático que se está explorando. Um vídeo que aborde questões climáticas vai funcionar melhor se for trabalhado com outras atividades que tenham temática semelhante ou alguma afinidade.

    Ao escolher os textos, é preciso atentar para a necessidade de as fontes serem consistentes, de os textos serem bem escritos e interessantes. É claro que é muito bom encontrar textos que sejam provocativos, façam rir ou emocionem e, ao mesmo tempo, despertem a curiosidade ou mesmo convide à reflexão.

Retomaremos a exploração de textos nos materiais didáticos em reflexões apresentadas nos próximos capítulos.

Atividades de autoavaliação

1. A utilização de textos é uma realidade e também uma necessidade nas práticas de línguas estrangeiras. Houve um tempo em que os textos que compunham os materiais didáticos eram todos escritos pelos próprios elaboradores e professores, com isso tínhamos textos facilitados e que não proporcionavam o suporte de aprendizagem suficiente para preparar os estudantes adequadamente para as situações comunicativas atuais.

   Que vantagens as abordagens com base em gêneros textuais/discursivos proporcionam ao ensino de línguas?

   Analise as afirmativas a seguir e assinale V para as verdadeiras e F para as falsas.

   ( ) Propiciam contato com diferentes formas de comunicação e domínios discursivos

   ( ) Propõem que os estudantes escrevam e falem diferentes textos e com isso ampliem as possibilidades de interação.

   ( ) Tornam as propostas de ensino mais variadas e interessantes, porém pode haver resistência por parte de alunos que não estão habituados a essa abordagem.

   ( ) Favorecem o desenvolvimento da comunicação por meio da memorização de frases.

Agora, assinale a alternativa que corresponde à sequência obtida:
a. V, F, V, V.
b. V, V, V, F.
c. V, F, F, V.
d. V, F, V, F.

2. Os textos podem ser curtos ou longos, difíceis ou fáceis, literários ou não literários. Há uma grande quantidade e diversidade quanto ao seu formato e objetivo. Mas o que podemos entender por *texto*? Trata-se de uma unidade de sentido com um formato conhecido ou reconhecido por um grande número de pessoas, as quais o utilizam para se comunicarem.

Sobre os desafios quanto à exploração de textos em materiais didáticos, analise se as afirmativas a seguir são verdadeiras (V) ou falsas (F):

( ) É muito mais fácil elaborar questões de compreensão de textos autênticos do que elaborar frases para a fixação de estruturas gramaticais.
( ) Alunos de PLE/PL2 em geral reconhecem grande quantidade de gêneros textuais/discursivos.
( ) Os muitos letramentos apresentados por alunos em geral dificultam as práticas de produção de textos.
( ) Não é necessário esgotar todo o sentido e as informações contidas em um texto.

Agora, assinale a alternativa correspondente a sequência obtida:
a. F, V, V, V.
b. F, V, F, V.

c. V, V, V, F.
d. V, F, V, V.

3. Cada vez mais observamos formas variadas de comunicação com diferentes formatos. Os materiais didáticos precisam acompanhar essa realidade de ensino e proporcionar práticas que valorizem tal diversidade. Para isso, precisamos entender o que são textos multimodais.

    Com relação aos textos multimodais e às práticas de ensino de línguas, analise as afirmativas a seguir.

    I. Os textos multimodais incluem os códigos verbal e não verbal, como imagens, desenhos, *emoticons*, sinais, sons e gráficos.
    II. Os materiais didáticos devem se restringir apenas a textos escritos, porque assim fornecem a base para a produção de qualquer texto.
    III. Aplicativos de computador fornecem novos formatos de interação com a utilização de textos multimodais.
    IV. Alguns textos multimodais misturam formatos de comunicação, o que pode causar muitas dúvidas nos alunos que não estão acostumados a esse tipo de texto.

    Agora, assinale a alternativa que indica as afirmativas corretas:
    a. Apenas III.
    b. Apenas I e II.
    c. I, III e IV.
    d. II, III e IV.

4. Existem vários fatores que podemos citar como importantes ou adequados no momento de escolher textos para os materiais didáticos. Algumas perguntas podem ajudar os professores ou elaboradores de materiais.

   Identifique a seguir quais perguntas são apropriadas para guiar o trabalho de escolha de textos para a produção de atividades de ensino.

   I. O texto vai gerar interlocução e provocar relação dialógica?
   II. O texto está adequado ao nível de proficiência dos alunos, não muito difícil nem muito fácil?
   III. Esse gênero de texto já apareceu antes no curso e foi analisado de modo que agora posso solicitar uma tarefa com tal gênero?
   IV. O texto apresenta ideias estereotipadas, preconceituosas e constrangedoras?

   Agora, assinale a alternativa que indica os itens corretos:
   a. I, III e IV.
   b. Apenas II e III.
   c. Apenas III e IV.
   d. Todos os itens estão corretos.

5. Muitos materiais didáticos preocupam-se mais em explorar os textos escritos, e isso pode ser percebido em materiais publicados para o ensino de PLE/PL2. A forte tradição em trabalhar com textos escritos tem diminuído de certa forma a atenção aos gêneros orais, pois parece que estes são mais facilmente aprendidos. Para refletir sobre essa questão, perguntamos: Por que explorar gêneros orais nas aulas de PLE/PL2?

Identifique as afirmativas que respondem a essa pergunta.

I. Textos em formato de diálogo favorecem a prática e a dinâmica da interação dialógica entre os participantes do ato comunicativo.

II. Muitos livros didáticos propõem que a oralidade seja aprendida mediante a prática da escrita e da repetição de frases bem formadas.

III. Os gêneros orais estão mais próximos do registro informal de língua, por isso é necessário que os alunos entendam as suas características.

IV. Os textos orais devem ser secundários nas práticas de ensino, pois utilizamos muito mais a escrita do que a fala nas interações cotidianas.

Agora, assinale a alternativa que indica a(s) afirmativa(s) correta(s):

a. I, II e III.
b. II, III e IV.
c. Apenas II.
d. Todas as afirmativas estão corretas.

Atividades de aprendizagem

Questões para reflexão

1. Selecione uma unidade de um livro didático que você conheça ou tenha acesso e avalie se esse material é organizado de acordo com as modalidades de ensino implícito ou explícito.

2. Leia o excerto a seguir e reflita sobre as questões apresentadas.

> "Constatou-se que os textos adaptados tendem a transmitir uma mensagem sobre o país e a cultura da língua-alvo, relacionada principalmente ao sucesso profissional, o que não ocorre nos textos autênticos, que trazem visões mais realistas e diversificadas da cultura-alvo." (Silva, 2015, p. 6)

Após a leitura desse excerto, extraído de uma dissertação sobre as produções textuais de livros didáticos para o ensino de língua alemã, responda às questões a seguir.

a. O que é um texto autêntico e um texto adaptado?
b. Segundo o excerto, o que caracteriza esses dois textos no estudo realizado?
c. Você acredita que o uso de textos autênticos nos materiais didáticos é fundamental?
d. Os textos não autênticos e/ou adaptados podem ser utilizados para compor os materiais didáticos? De que forma?

Atividades aplicadas: prática

1. Considere os dois textos a seguir e responda às questões propostas.

Exemplos de textos e seu potencial de interlocução

Texto 1

Metrô de SP planeja instalar sistema de reconhecimento facial

Repórter Brasil
No AR em 18/07/2019 - 20:15

O metrô de São Paulo planeja instalar um sistema de monitoramento com reconhecimento facial dos passageiros. O objetivo é aumentar a segurança nas estações, plataformas e vagões. Em shoppings, o sistema já é usado.

FONTE: TV Brasil, 2019b.

Texto 2

ANTT publica novas regras para tabela do frete de cargas

Brasil em Dia
No AR em 19/07/2019 - 09:45

O governo federal definiu novas regras para tabela do frete de cargas. Caminhoneiros passam a operar sobre novo piso. A nova tabela com os preços mínimos dos fretes foi publicada nesta quinta-feira (18) pela Agência Nacional de Transportes Terrestres (ANTT) e passa a valer a partir de amanhã (20) em todo o Brasil.

TAGS: ANTT, FRETE, CARGAS

FONTE: TV Brasil, 2019b.

a. Qual dos dois textos permite maior interlocução?
b. Você escolheria um desses textos para compor uma atividade? Apresente dois argumentos.
c. Escolha um dos textos e desenvolva uma atividade de pré-leitura.
d. Que tarefa de produção de texto poderia ser solicitada com base em um desses textos?

2. Escolha um texto na internet e elabore cinco perguntas, três sobre o conteúdo do texto e duas relacionadas à opinião do aluno sobre o tema abordado.

3. Defina uma pergunta que esteja de acordo com um tema a ser trabalhado com seus alunos e grave pessoas respondendo a essa pergunta. Depois, elabore uma atividade de compreensão de áudio. Observe um exemplo a seguir.

Atividade de compreensão de áudio

Compreensão de áudio ▶

1. Ouça os áudios e responda a pergunta:
a. Qual é a melhor e a pior coisa para fazer num final de semana?

Áudio 1	Áudio 2	Áudio 3	Áudio 4
Nome: *Ingrid* **Estado:** *Rondônia* **Melhor:** *Sair com amigos* **Pior:** *Lavar louça em um dia frio*	**Nome:** *Anne* **Estado:** *Pará* **Melhor:** *Ficar deitada na cama* **Pior:** *Seria estar doente e ter que enfrentar um hospital*	**Nome:** *Juliana* **Estado:** *Bahia* **Melhor:** *Sair com os amigos* **Pior:** *Ficar em casa sem ter nada para fazer*	**Nome:** *Marcos* **Estado:** *Rio de Janeiro* **Melhor:** *Sair pela cidade e tirar fotos* **Pior:** *Trabalhar*

FONTE: Perin Santos et al., 2020. (No prelo)

um	Conceitos, definições e observações práticas sobre materiais didáticos
dois	Reflexões sobre abordagens de ensino de PLE/PL2
três	Exploração de gêneros textuais/discursivos nos materiais didáticos de PLE/PL2
quatro	**Qual é o espaço da gramática no ensino de PLE/PL2?**
cinco	Critérios para análise de materiais didáticos para ensino de PLE/PL2
seis	Elaboração de unidades temáticas para o ensino de PLE/PL2

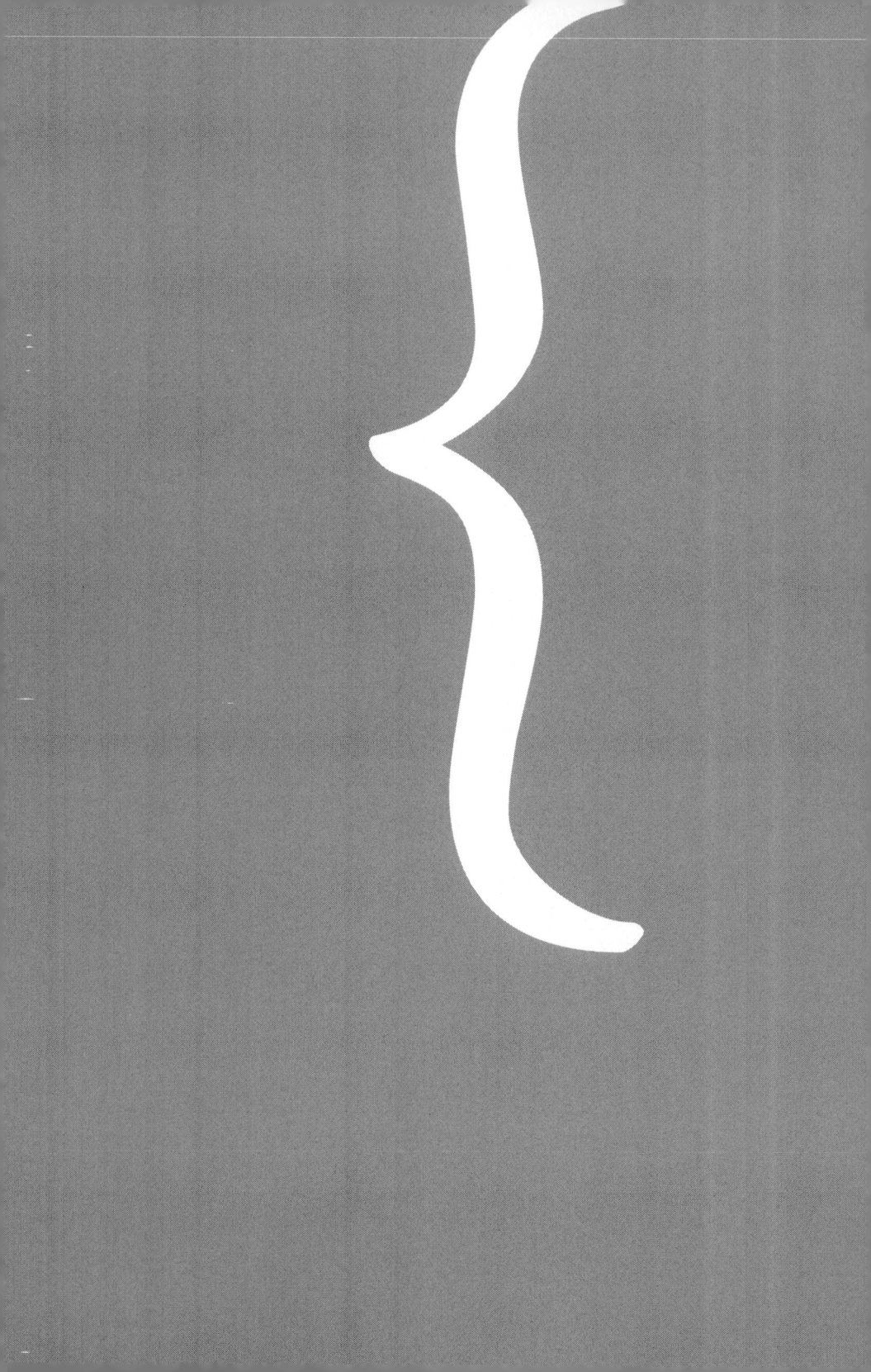

SE VOCÊ É PROFESSOR de PLE/PL2, certamente já se deparou com a pergunta apresentada no título deste capítulo. Na verdade, não precisamos nos restringir ao ensino de PLE/PL2 e podemos considerar que essa dúvida surge em algum momento da prática do ensino de línguas. Trata-se de um assunto controverso que, dependendo da afiliação teórica de quem faz a análise, poderá receber respostas advindas de pontos de vista muito diferentes. É a velha metáfora dos óculos que se usam: dependendo da lente com que você vê o mundo, terá percepções diferentes.

Podemos afirmar que a maioria das abordagens de ensino de línguas não considera ou prioriza o ensino de tópicos linguísticos. Isso já acontecia com o método direto, que foi muito utilizado por volta dos anos 1960 até os anos 1980. Esse método tinha como objetivo colocar o aluno diretamente em contato com a língua-alvo por meio da repetição de diálogos e dramatizações, e não eram aceitas traduções nem análises gramaticais. Talvez esse tenha sido o método que mais fortemente descartou reflexões ou exercícios sobre o funcionamento da língua. Por outro lado, práticas de ensino baseadas em gramática comparada e a chamada *abordagem estruturalista* são os direcionamentos que mais valorizam o ensino de tópicos gramaticais.

Nas últimas décadas, ou talvez nos últimos 50 anos, houve o predomínio da chamada *abordagem comunicativa*, a qual tem por mote o ensino significativo, o aluno no centro do processo, valorizando-se, suas necessidades comunicativas. Nos materiais didáticos pautados por essa abordagem, ou pelo menos nos que se dizem alinhados a essa perspectiva, observamos características muito diferentes, dependendo da época em que foram elaborados. É possível existirem livros relativamente comunicativos e na verdade mais estruturalistas, mas também pode haver outros bastante comunicativos e interculturais a ponto de se eliminar qualquer menção ao funcionamento da língua ou às estruturas gramaticais/linguísticas.

A abordagem comunicativa sofreu muitas mudanças e influências no decorrer dos anos. Mais recentemente, a exploração de textos escritos tem predominado, e esses materiais podem conter algumas menções ao funcionamento linguístico ou não. No Capítulo 5, apresentaremos sugestões de leitura sobre análises de livros didáticos de PLE/PL2.

Como podemos perceber, a análise explícita de elementos linguísticos ou gramaticais em materiais didáticos, principalmente nas últimas décadas, não tem encontrado um lugar de prestígio, pelo menos nas abordagens de ensino e nos materiais didáticos produzidos em países do Ocidente. No entanto, quando observamos o formato e também as práticas de ensino-aprendizagem em países asiáticos ou entre falantes de língua árabe, por exemplo, percebemos que os estudos linguísticos (gramaticais) têm grande destaque. Estamos levantando essa questão por considerar que um número significativo de alunos de PLE/PL2 é proveniente desses países e, em geral, entende que aprender uma língua está fortemente relacionado a aprender sua estrutura gramatical.

Com a intenção de propor algumas reflexões sobre essa questão, vamos, no decorrer deste capítulo, discorrer sobre o lugar dos estudos relacionados à gramática ou aos recursos linguísticos e os diferentes registros ou variedades do português brasileiro. Faremos essas considerações especialmente levando em conta a produção de materiais didáticos para o ensino de PLE/PL2.

quatropontoum
Conceitos de gramática

Não poderíamos levar adiante as reflexões que nos propusemos a fazer sem antes problematizar o conceito de gramática, o qual está no centro das discussões deste capítulo. Estudos sobre gramática existem há muitos séculos e tiveram grandes avanços com os pensadores gregos. Quando falamos em *gramática*, temos duas leituras principais muito frequentes:

I. um sentido genérico, que é bastante utilizado nas práticas de ensino de línguas e se relaciona a tudo o que está ligado ao

ensino de elementos linguísticos estruturais de um idioma; envolve também qualquer exercício de sistematização e análise, os chamados de *exercícios de gramática*, e também os conteúdos de gramática;
2. um sentido estrito relacionado a livros que descrevem, classificam, normatizam e analisam as línguas; são compêndios normalmente estudados nas escolas e divididos em partes como fonologia, morfologia, sintaxe e semântica.

Os livros de gramática têm muitos formatos e correspondem a tendências teóricas que podem compreender desde as gramáticas normativas (as gramáticas escolares), ou seja, aquelas que apresentam normas do bem falar e do bem escrever e que são usadas como referência para a escrita formal, até as gramáticas que priorizam a língua falada e as variedades da língua. São exemplos destas últimas as publicações de Castilho (2010), Perini (2010), Bagno (2011) e Neves (2011). Entre as gramáticas normativas, podemos citar as de Cunha e Cintra (2008), Bechara (2010) e Cegalla (1992).

Como já mencionamos na introdução deste livro, a língua(gem) é complexa. Assim como vemos a existência de um conjunto de regras que dá sustentação às línguas, observamos o quanto elas são variáveis criativas e dependentes de aspectos sociais e históricos. O conjunto de regras a que nos referimos são simplesmente construções que os falantes entendem como pertencentes à língua. Considere a seguinte frase: "Eu recebei um dinheiro e compro um café". Essa construção é perceptível por qualquer falante da língua portuguesa como não sendo um modelo *standard* da língua. Ora, se isso acontece é porque entendemos que existe uma construção reconhecida por seus falantes como sendo adequada. E se não existisse essa "forma" relativamente estabilizada, como nos comunicaríamos? Teríamos talvez inúmeras variantes ou possibilidades sem a identificação da unidade de uma língua em comum e mesmo do sentido político que as línguas carregam. Como podemos observar, existe um conjunto de regras, estruturas ou formatos que nos fazem identificar o que é adequado e o que não é adequado em uma língua. Estamos nos referindo especialmente às sentenças que são consideradas gramaticais e agramaticais. Note que "Eu recebi um dinheiro e comprei café" é uma sentença possível em português brasileiro, enquanto "Eu recebei um dinheiro e compro café" não se constitui em uma sentença bem construída.

Essa discussão é bastante interessante, mas por enquanto queremos apenas salientar que os materiais didáticos sofrem a influência do(s) olhar(es) de quem os elabora e, juntamente com isso, de seus conceitos e tendências teóricas. Isso vale também para o entendimento sobre o(s) conceito(s) de gramática.

No contexto do ensino de línguas e especialmente nos livros didáticos, o termo *gramática* é bastante presente. Ele faz referência ao conteúdo dos livros de gramáticas normativas, mas pode também relacionar-se ao funcionamento e à estruturação da língua de modo geral. Sobre este último sentido, quando falamos em *gramática*, podemos estar falando "das regras que definem o funcionamento de determinada língua, como em: 'a gramática do português'; nessa acepção, a gramática corresponde ao saber intuitivo que todo falante tem de sua própria língua, a qual tem sido chamada de 'gramática internalizada' [...]" (Antunes, 2007, p. 25).

Bagno (2011, p. 170) apresenta um conceito semelhante:

a gramática da língua se forma a partir dos usos que os falantes fazem dos recursos verbais que estão à sua disposição no sistema. Se esses recursos se revelam insuficientes, os falantes, em sociedade, criam novos recursos, quase sempre através de reestruturações, ressignificações, reinterpretações e reanálises dos recursos já existentes.

Essas acepções incluem os mais variados elementos e registros que fazem parte de uma língua, ao contrário das gramáticas normativas, que, em geral, mostram como modelo textos literários, escritos por autores famosos. Nesse sentido, temos um modelo monitorado de língua, isto é, escrevemos e, até mesmo, falamos em algumas situações prestando atenção ao que dizemos ou escrevemos e escolhemos o que nos parece mais prestigiado. Os registros monitorados costumam ser uma tentativa de aproximação da língua presente nas gramáticas normativas. O modelo não monitorado é predominantemente da fala informal e cotidiana, ou seja, o registro que produzimos naturalmente. Essa é uma comparação feita em linhas gerais, pois sabemos que não é possível marcar exatamente o que é monitorado ou não monitorado; conseguimos, porém, ver essas diferenças em exemplos como os que seguem:

[1]. Vou encontrá-la no centro da cidade às 18h.
[2]. Vô encontrá ela no centro da cidade às seis da tarde.

A frase em [1] mais provavelmente seria encontrada em textos escritos, enquanto a frase em [2] é o registro mais frequente entre os brasileiros independentemente do nível de escolaridade, socioeconômico e cultural. Embora a segunda frase nos cause certo estranhamento, se observarmos bem, é assim que falamos no dia a dia, você concorda?

Pois bem, diante desses dois registros (formal e informal), ficamos com a pergunta: Qual deles devemos ensinar para alunos estrangeiros? Certamente devemos ensinar os dois. É necessário que compreendam que existem registros diferentes da língua e que, dependendo da situação comunicativa, vamos falar ou escrever de maneiras diferentes. Contudo, se procurarmos nos livros didáticos de PLE/PL2 publicados, não vamos encontrar explicações e mesmo áudios de diferentes registros. É possível que reduções* como *pra* e *pro*, que já estão bastante consolidadas, sejam mais frequentes, mas não muito mais do que isso. Certamente os livros didáticos de PLE/PL2 precisam olhar com mais atenção para o modo como nós falamos e considerar que a comunicação em língua estrangeira não deve restringir-se ao domínio do registro culto. Essa, aliás, é uma das primeiras diferenças que professores de primeira língua notam quando passam a ensinar para estrangeiros. Se observarmos os livros didáticos de língua inglesa, veremos que abreviações e reduções são frequentes, como é o caso de *you're* para *you are*.

---

* *Redução* é o termo usado em linguística em referência à diminuição sofrida por uma palavra em decorrência da perda de alguns segmentos iniciais ou finais, como no caso de "Eu tô feliz" para "Eu estou feliz".

Na sequência, vamos citar dois exemplos de livros didáticos de PLE/PL2 e analisar como apresentam os conteúdos gramaticas. O primeiro intitulado *Panorama Brasil: ensino de português do mundo dos negócios* (Burim; Florissi; Ponce, 2006), apresenta, no decorrer das unidades, quadros com breves explicações de itens gramaticais, identificados, aliás, com a palavra *gramática*.

Esse livro é destinado ao ensino de português para o mundo dos negócios e para alunos intermediários ou que já tenham feito cursos de nível básico. No fim da obra, há 18 páginas de explicações que contêm descrições resumidas dos principais itens frequentemente apresentados por gramáticas normativas. Desse modo, entendemos que a perspectiva de gramática explorada no livro aproxima-se ao de sentido estrito.

O segundo caso que vamos tomar como exemplo refere-se ao livro *Viva! Língua portuguesa para estrangeiros* (Romanichen, 2010). Os conteúdos gramaticais aparecem geralmente depois de títulos como "Tintim por tintim" (introduz explicações, exercícios de fixação, mas também de compreensão de texto) ou "Mãos à obra" (introduz uma tarefa de produção de texto). Os conteúdos são identificados pelo tópico gramatical (por exemplo, "Voz passiva") e, na sequência, há explicações, comentários, exemplos e exercícios referentes a esse item. É possível perceber a intenção de contextualizar as explicações com base em um texto.

A palavra *gramática* não é utilizada no livro, usa-se apenas a expressão *ensino da forma* nas orientações ao professor.

Frequentemente estudos relacionados ao ensino de PLE/PL2 e também de outras línguas utilizam a expressão *ensino da forma* para se referir ao ensino da gramática ou das estruturas da língua.

Embora o livro em questão contextualize suas explicações e apresente linguagem acessível para que os alunos estrangeiros entendam os itens gramaticais, seu conceito de gramática aproxima-se do sentido estrito. O livro restringe-se a explorar o registro culto, desconsiderando falares mais próprios da oralidade e das situações cotidianas.

Para concluirmos esta seção, queremos citar outro termo frequentemente usado em referência ao conjunto de itens que compõem a gramática de uma língua: *recursos linguísticos*. Esse termo é mais abrangente e inclui todas as formas gramaticais ou linguísticas usadas para as interações comunicativas. Schlatter e Garcez (2009) refletem sobre o que as aulas de língua estrangeira devem criar para o engajamento dos estudantes. Segundo esses autores, a aula

> *deve criar condições para que o educando possa engajar-se em atividades que demandam o uso da língua para refletir sobre temas relevantes ao seu contexto e ampliar sua atuação através da compreensão da sociedade em que vive, da circulação segura por diferentes gêneros do discurso e da possibilidade de expressar o que quer dizer. Pensar em educação linguística como algo voltado a promover o letramento significa colocar o ensino de línguas adicionais a serviço de garantir as condições para que os educandos tenham elementos para perceber os limites que os seus recursos linguísticos podem impor à sua atuação e também*

as condições para que possam superar esses limites. (Schlatter; Garcez, 2009, p. 134-135)

Segundo esse entendimento, o ensino deve propiciar condições para o desenvolvimento de recursos linguísticos. Desse modo, as estruturas da língua são vistas como recursos a serem usados em diferentes situações de interação.

quatropontodois
Ensino explícito e ensino implícito nas aulas de língua estrangeira

Nesta seção, vamos nos concentrar em descrever duas estratégias de ensino, chamadas de *ensino explícito* e *ensino implícito*, que se referem à forma de abordar (ou não) os itens gramaticais nas práticas de ensino de línguas. Refletir sobre essas estratégias é especialmente importante para a tomada de decisões sobre o planejamento das aulas e mesmo sobre os materiais didáticos.

De acordo com Freitas (2014, p. 33),

> *O ensino explícito* (explicit instruction) *envolve algum tipo de regra a ser pensada durante o processo de aprendizagem (Dekeyser, 2003, p. 321). Seu objetivo é promover conhecimento metalinguístico e o domínio consciente das estruturas da LE/L2, podendo ser realizado por meio de estratégia dedutiva, em que a regra é apresentada para a sua aplicação; e/ou por meio de*

estratégia indutiva, em que os alunos devem descobrir uma regra a partir da análise de dados linguísticos previamente fornecidos.

O **ensino explícito** admite explicações formais de estruturas linguísticas, em caso de perguntas feitas pelos alunos e mesmo em descrições e exercícios presentes nos materiais didáticos. Nesse caso, é utilizada a metalinguagem, o que significa usar termos de linguagem para descrever e tentar explicar o uso da própria língua. Assim, por exemplo, quando explicamos o uso de um tempo verbal, utilizamos palavras da própria língua.

Em livros didáticos mais antigos, os tópicos gramaticais eram o fio condutor das propostas de ensino, pois eram o ponto central de cada unidade ou aula. Os tempos e os modos verbais eram priorizados e, a partir da exposição desses conteúdos, desenvolviam-se exercícios e atividades. Embora situemos essas práticas no passado, sabemos que podem acontecer mesmo em publicações recentes. No entanto, a maioria dos livros didáticos atuais parte de temas e situações comunicativas e distribui os conteúdos linguísticos no decorrer das unidades de acordo com o grau de dificuldade das atividades e dos textos incluídos.

O ensino explícito tem seus defensores, como os autores Housen e Pierrard (2005, citados por Freitas, 2014), que argumentam favoravelmente a essa estratégia de ensino ao afirmarem que essa prática "pode acelerar o desenvolvimento linguístico do aprendiz" (Freitas, 2014, p. 50). Nessa mesma linha, Almeida Filho (2011, p. 90, citado por Freitas, 2014, p. 51) explica que "esse tipo de ensino 'corta caminhos na longa jornada rumo à aquisição', uma vez que proporciona 'visibilidade' às estruturas e ao vocabulário da língua-alvo e permite que o conhecimento aprendido se torne 'competência', resultado da reflexão consciente".

O ensino explítico, embora não use apenas essa estratégia, é conhecido pelo foco na forma (*Focus on Form*, termo empregado por Long e Robinson, 1998, citados por Freitas, 2014 p. 32). Você pode se aprofundar nesse assunto em Vidal (2007) e Cordeiro (2012).

Por outro lado, o **ensino implícito**, segundo Freitas (2014, p. 32), "propicia o uso comunicativo da LE/L2, direcionando a atenção do aprendiz para o significado/sentido das informações que compreende ou produz e, em decorrência disso, a aprendizagem acidental ou espontânea de algum aspecto linguístico da LE/L2 é favorecida".

Nesse caso, o ensino prioritariamente tem foco no significado (*Focus on Meaning*, nos termos de Long e Robinson, 1998, citados por Freitas, 2014). Sua função tem sido o desenvolvimento da proficiência e da fluência em língua estrangeira sem a reflexão consciente sobre itens gramaticais ou linguísticos e, por isso,

> *o aluno, nesse tipo de ensino, aprende ouvindo e produzindo a língua para a comunicação, diferentemente do ensino explícito, que fragmenta o conhecimento linguístico. O uso da língua no ensino implícito gera outro efeito positivo no processo de aquisição: o desenvolvimento da fluência. Para o autor (Ellis, 2008), o conhecimento resultante desse tipo de ensino é acessado*

automaticamente no ato comunicativo e, nesse sentido, a produção é fluente. (Freitas, 2014, p. 51)

Cada uma dessas abordagens utiliza diferentes estratégias de ensino, não se limitando a procedimentos únicos; o que as diferencia é justamente a possibilidade ou não de centralizar os estudos em tópicos linguísticos e o modo como abordam esses conteúdos.

Embora seja questionável, a utilização de um formato misto entre o ensino explícito e o implícito pode ser considerada. Na verdade, é bastante comum vermos uma mescla dessas estratégias e até mesmo situações em que o material foi pensado conforme uma abordagem, mas sua utilização em sala de aula se pauta pela outra.

Um formato misto priorizaria práticas comunicativas, no entanto, no momento em que os alunos estivessem produzindo textos (escritos ou orais), poderiam receber orientações sobre adequação gramatical/linguística e até mesmo explicações sobre o funcionamento de determinadas estruturas. Sobre um trabalho nessa linha, veja a dissertação *Proposta de critérios para elaboração de unidades temáticas e de enunciados de tarefas em contexto de ensino de PLE no Celin-UFPR*, de Santos (2014).

Outra questão a ser considerada é que, dependendo do perfil do público para o qual se ensina, é preciso ajustar as propostas, sobretudo se a aprendizagem estiver no início ou em níveis intermediários. É importante observar também o caso das aulas particulares, pois é possível decidir com os alunos qual caminho seguir. Existem estudantes que procuram aulas particulares de português apenas para estudar a gramática dessa língua, enquanto outros estão mais interessados em ler e discutir questões de comportamento e tópicos culturais. Queremos lembrar novamente que alguns perfis de alunos não entendem o aprendizado de línguas dissociado do estudo das estruturas linguísticas ou gramaticais dessa língua e podem não entender ou mesmo não aceitar uma abordagem diferente daquela a que estão habituados. Nesses casos, é necessário um período, por vezes longo, para a aceitação de novas abordagens. Talvez seja por isso que livros didáticos para o ensino de PLE/PL2 que seguem a modalidade do ensino explícito têm boa procura.

O ensino implícito também pode ser questionado quando implementado em contexto de aprendizagem de línguas próximas, como o espanhol e o português, justamente pela sua proximidade e pela dificuldade em discerni-las. De qualquer forma, é aconselhável sempre observar o perfil de alunos com que estamos trabalhando e decidir então o que nos parece melhor.

quatropontotrês
Qual gramática do português brasileiro podemos usar como referência para a elaboração de materiais didáticos de PLE/PL2?

O título desta seção é uma pergunta que frequentemente é feita por professores de PLE/PL2. Porém, infelizmente ainda não temos disponível um compêndio que dê conta de atender às necessidades dos professores de português brasileiro como língua estrangeira. Para isso, seria necessário o desenvolvimento de uma gramática voltada ao ensino-aprendizagem que proporcionasse explicações e reflexões sobre os vários itens gramaticais que compõem essa língua. Nesse caso, precisaríamos de um compêndio que apresentasse descrições considerando a aprendizagem de língua estrangeira e que incluísse diferentes registros e situações de comunicação. Não se trata de um texto simples, pois é absolutamente complexo juntarmos todos esses elementos. Por enquanto, os professores precisam buscar referências nos livros que estão disponíveis e desenvolver explicações com base neles.

Vamos imaginar que um aluno de PLE/PL2 tenha solicitado ao seu professor orientações quanto ao uso dos pronomes objeto, aqueles que substituem um objeto direto ou indireto nas frases. É muito provável que os alunos não usem esses termos; o mais comum é que façam as perguntas a partir de exemplos ou de usos que viram em um texto escrito ou que identificaram na fala de alguém. Estudantes que falam línguas neolatinas geralmente perguntam sobre isso ainda nos níveis básicos. Diante desse questionamento, o que o professor pode fazer? Em geral, ele recorre a gramáticas normativas e encontra explicações como a que vemos a seguir.

QUADRO 4.1 – GRAMÁTICA 1 – PRONOMES PESSOAIS

		Pronomes pessoais retos	Pronomes pessoais oblíquos não reflexivos	
			Átonos	Tônicos
Singular	1ª pessoa	eu	me	mim, comigo
	2ª pessoa	tu	te	ti, contigo
	3ª pessoa	ele, ela	o, a, lhe	ele, ela
Plural	1ª pessoa	nós	nos	nós, conosco
	2ª pessoa	vós	vos	vós, convosco
	3ª pessoa	eles, elas	os, as, lhes	eles, elas

FONTE: Cunha; Cintra, 2008, p. 291.

Observe que temos uma descrição do uso dos pronomes oblíquos de acordo com o padrão culto da língua. Esse padrão deve ser ensinado aos alunos principalmente para quem vai trabalhar e estudar no Brasil e precisa ler e produzir textos formais. De acordo com Pabst (2012, p. 75), *continua sendo importante fazer menção a formas gramaticais mais conservadoras, mesmo que não sejam muito usadas, para que o aluno saiba o que elas significam caso as encontre e saiba utilizá-las como o contexto exija. Portanto, é necessário expor, também, em que gêneros discursivos o aluno poderia encontrar tais formas e em que situações seria conveniente usá-las.*

No entanto, na vida cotidiana, os alunos vão certamente se deparar com outras situações de uso desses pronomes e é justamente esse o ponto de grande dúvida por parte dos estudantes e também dos professores.

Uma explicação que pauta do que é apresentado na gramática de Cunha e Cintra (2008) é útil em várias situações, mas não é suficiente se pensarmos em um ensino para desenvolver competências a fim de tornar os alunos agentes na sociedade e prepará-los para integrar diversas situações de interação. Vamos então a outro exemplo de descrição dos pronomes pessoais do português considerando diferentes registros.

QUADRO 4.2 – GRAMÁTICA 2 – PRONOMES PESSOAIS NO PORTUGUÊS BRASILEIRO

Pessoa	PB Formal		PB Informal	
	Sujeito	Complemento	Sujeito	Complemento
1ª pessoa sg.	eu	me, mim, comigo	eu, a gente	eu, me, mim, Prep + eu, mim

(continua)

(Figura 4.2 – conclusão)

Pessoa	PB Formal		PB Informal	
	Sujeito	Complemento	Sujeito	Complemento
2ª pessoa sg.	tu, você, o senhor, a senhora	te, ti, contigo, Prep + o senhor, com a senhora	você/ocê/tu	você/ocê/cê, te, ti, Prep + você/ocê (= docê, cocê)
3ª pessoa sg.	ele, ela	o/a, lhe, se, si, consigo	ele/ei, ela	ele, ela, lhe, Prep + ele, ela
1ª pessoa pl.	nós	nos, conosco	a gente	a gente, Prep + a gente
2ª pessoa pl.	vós, os senhores, as senhoras	vos, convosco, Prep + os senhores, as senhoras	vocês/ocês/cês	vocês/ocês/cês, Prep + vocês/ocês
3ª pessoa pl.	eles, elas	os/as, lhes, se, si, consigo	eles/eis, elas	eles/eis, elas, Prep + eles/eis, elas

FONTE: Castilho, 2010, p. 477.

Como observamos nesse quadro extraído da *Nova gramática do português brasileiro*, de Ataliba Castilho, o inventário de pronomes inclui formas comuns da oralidade, como *ocê* e *cê* para *você*. Além disso, admite como pronome complemento de terceira pessoa *ele* e *ela* em sentenças como: "Vou ver ele amanhã". Observe que, no quadro correspondente à gramática 1, essa possibilidade não é apresentada, do mesmo modo que não o é na descrição do português brasileiro (PB) formal da gramática 2, na qual se admitem apenas ocorrências como: "Vou vê-lo amanhã", construção possível e corrente no português europeu, mesmo na oralidade.

Entendemos que uma caracterização mais completa dos pronomes pessoais do português brasileiro seria a da gramática 2, em que estão incluídas pelo menos duas variedades da língua – a formal e a informal.

Na sequência, vamos comentar algumas obras que destacam as variedades do português brasileiro e que podem ser úteis como referência para os professores de PLE/PL2.

> • *Gramática do português brasileiro*, de Mário Perini (2010)
> Trata-se de uma gramática descritiva da língua falada no Brasil. Segundo Borges Neto (2016, p. 269), essa gramática "apresenta duas grandes inovações, quando comparada a outras gramáticas: a finalidade pretendida da obra e o tratamento dos assuntos". Quanto à finalidade, o autor se refere à necessidade de dar aos alunos formação científica, o que Perini chama de *alfabetização científica*. Nas palavras de Borges Neto (2016, p. 269), isso significa "instrumentar o estudante para que ele obtenha seus próprios conhecimentos e resultados". Essa visão está associada ao conceito de gramática como uma área de estudos que se ocupa da descrição das estruturas e do funcionamento interno das línguas. Para o autor, o foco central da gramática está no que normalmente se denomina *morfologia*, *sintaxe* e *semântica*.

- *Nova gramática do português brasileiro* (NGPB), de Ataliba Castilho (2010)

    Como esse autor define, trata-se de uma gramática funcionalista-cognitivista, pois descreve "processos estruturantes", e não "produtos estruturados" (Castilho, 2010, p. 42). No entanto, ele destaca que "faz falta uma teoria que postule a língua em seu dinamismo, como um conjunto articulado de processos" (Castilho, 2010, p. 31). Já na visão de Zilles (2016, p. 161), "examinando a seções de parte analítica, seria possível dizer que a obra de Castilho tem características de três tipos de gramática (descritiva, reflexiva, ou de usos)".

    A NGPB não é uma gramática-lista, cheia de classificações, mas procura olhar o que se esconde por trás das classificações. Nos capítulos 1 até 5 (da página 41 até a página 242), apresenta uma exposição teórica acerca da fundamentação das teorias sobre a língua e a gramática. Nos capítulos seguintes, 6 a 14 (da página 243 até a página 610), concentra-se em tópicos gramaticais, passando da fonologia à estrutura da sentença, do sintagma verbal aos sintagmas nominal, adverbial e preposicional. Conclui no capítulo 15 apresentando algumas generalizações sobre a gramática do português brasileiro.

    Trata-se de um verdadeiro compêndio com estudos sobre vários fenômenos linguísticos relacionados ao português brasileiro e, especialmente, sobre a língua falada e a variação linguística, que são áreas muito importantes para a formação de professores de PLE/PL2. Além disso, a linguagem utilizada favorece a leitura, pois o autor interage com o leitor (a quem ele considera um coautor).

Além dessas gramáticas, sugerimos a leitura de um livro que foi lançado em 1970 e teve sua penúltima edição em 2013, sendo reeditado recentemente (2019) como uma edição crítica. Trata-se de *Estrutura da língua portuguesa*, de Joaquim Mattoso Câmara Jr. Como consta no título a palavra *estrutura*, já podemos imaginar que a obra discorre sobre o sistema que constitui a gramática da língua portuguesa. Além disso, o texto apresenta importantes capítulos que conceituam alguns tipos de gramática e versam sobre a variabilidade e a invariabilidade da língua, bem como sobre a gramática normativa e o ensino. No livro, constam ainda descrições e verdadeiros *insights* sobre determinadas estruturas do português brasileiro.

Sugerimos também a leitura do livro *Descrição do português brasileiro*, de Renato Miguel Basso (2019). Esse autor faz descrições e reflexões muito úteis para quem ensina PLE/PL2, e sua proposta é retratar o português brasileiro como uma língua natural. Seu objeto de estudo é "descrever a língua efetivamente falada, sem considerar critérios como certo ou errado ou bonito ou feio" (Basso, 2019, p. 13). Podemos encontrar nessa obra reflexões sobre a história e a formação do português brasileiro, assim como sobre pronúncia e entonação, morfologia, sintaxe, semântica e pragmática do português brasileiro. O autor finaliza seu trabalho com observações quanto a políticas linguísticas.

Essas obras respondem parcialmente à pergunta apresentada no início deste capítulo. Dizemos "em parte" porque há a necessidade de ser publicada no Brasil uma gramática do português brasileiro pensada sob o ponto de vista da aquisição/aprendizagem de língua estrangeira. Apenas para exemplificarmos essa questão, podemos citar os artigos definidos. Não é suficiente descrever quais são os artigos, dizer que podem ser usados no feminino e no masculino, no singular e plural, apresentar os usos mais frequentes e as exceções. Para quem aprende o português como língua estrangeira, é necessária uma reflexão um pouco diferente, que abranja o conteúdo relacionado aos contextos em que se usam e não se usam os artigos, como nas seguintes sentenças:

[3].(?) Eu trabalho na empresa coreana.
[4]. Eu trabalho em uma empresa coreana.

Os exemplos remetem ao uso dos artigos definidos e dos indefinidos. Observe que na sentença [3] é necessário especificar qual é a empresa, pois a frase só seria aceitável se existisse apenas uma empresa coreana no país. A propriedade fundamental dos artigos definidos é a de individualizarem um referente no universo discursivo. Já em [4] o uso do artigo indefinido está adequado à informação que se quer transmitir.

Citamos aqui apenas um exemplo, mas sabemos que existem muitos outros e que essas situações nos colocam diante de desafios, pois, como falantes de língua materna, não nos ocorrem em geral certas dúvidas apresentadas pelos alunos, por exemplo: Quando se usa *por* e *para*, *tão* e *tanto*? Nós sabemos intuitivamente quando usar essas palavras, mas não é assim com nossos alunos. Um bom exercício é fazer uma explicação sobre quando usamos essas palavras e também procurar em gramáticas do português explicações referentes a isso.

Por essas razões é que se faz necessária a produção de estudos e de gramáticas que deem suporte para o trabalho com essa especificidade de ensino.

quatropontoquatro
Dificuldades/dúvidas linguísticas mais frequentes de alunos de PLE/PL2

Nesta seção, vamos discorrer especialmente sobre dois pontos linguísticos que geram bastante preocupação para docentes e dúvidas para estudantes de PLE/PL2. Por vezes, os questionamentos dos alunos são desconcertantes para quem não passou pelo processo de aquisição do português como língua estrangeira, como explicamos na seção anterior. As reflexões e observações que se seguirão não implicam o incentivo ao ensino explícito da gramática; o objetivo é instigar a análise sobre o funcionamento de nossa língua partindo de dúvidas comuns dos alunos de PLE/PL2.

4.4.1 Pronúncia e entonação do português brasileiro

Com relação às vogais do português brasileiro, as maiores dificuldades costumam ser referentes à pronúncia das vogais médias abertas e fechadas, como nas palavras *e/é*, *vovô/vovó*, e ainda à pronúncia da vogal *ã* (nasalisada). Alguns alunos até perguntam por que não falamos *vovô* e *vová*, finalizando a palavra feminina com *a* como ocorre em outras línguas neolatinas (*nonno/nonna*, no italiano, e *abuelo/abuela*, no espanhol). Veja que nessas línguas as palavras terminam com *o* e *a*, marcando o gênero, mas em português isso não ocorre. No entanto, se observarmos os exemplos em italiano e espanhol, veremos que o acento não recai sobre a última sílaba, como verificamos nas palavras equivalentes em português. Curiosamente, a alternância *o/a* que tem relação com o gênero, como em *menino/menina*, acontece entre vogais átonas finais e não tônicas.

A pronúncia das vogais médias é especialmente difícil para os alunos hispanos. Nesses casos, podemos sugerir exercícios para a percepção do ponto de articulação desses fonemas, sendo uma opção colocar a mão embaixo do queixo e começar com a pronúncia das vogais nesta sequência: "iiii, eeee, éééé, aaaa". Vamos observar que o maxilar vai baixando e, portanto, quando pronunciamos *é*, percebemos que há diferença em relação a *e*, que é mais alto. O mesmo acontece com *o* e *ó*, mas agora o exercício seria "uuuu, oooo, óóóó, aaaa". Podemos perceber também a dificuldade em pronunciar as vogais médias em palavras como: *três, dez, ele, ela, esse, essa*. Outra curiosidade em relação às vogais médias podemos ver em palavras derivadas (substantivos e verbos), como no par *o acerto* (substantivo) e *eu acerto* (verbo). Veja mais exemplos no quadro a seguir, retirado da *Gramática brasileña para hablantes de español*, de Irlene Lúcia S. Carvalho e Marcos Bagno (2015).

Quadro 4.3 – Palavras que apresentam alteração quanto às vogais médias, ao mudarem de substantivo para verbo

SUBSTANTIVOS [e]/[o]	VERBOS [ɛ]/[ɔ]
o acerto	eu acerto
o almoço	eu almoço
o aperto	eu aperto
o choro	eu choro
o começo	eu começo
o conserto	eu conserto
o gelo	eu gelo
o gosto	eu gosto
o gozo	eu gozo
o jogo	eu jogo
o namoro	eu namoro
o olho	eu olho
o selo	eu selo
o troco	eu troco
o zelo	eu zelo

FONTE: Carvalho; Bagno, 2015, p. 30.

Esses são contrastes que os falantes da língua materna produzem naturalmente, sem perceber que essas diferenças existem em sua fala não monitorada. Do mesmo modo acontece com *o povo/os povos* ou *o porto/os portos*. Temos aqui a diferença entre o singular e o plural. Porém, não se trata de uma regra geral da língua, pois isso não ocorre, por exemplo, em *o sogro/os sogros*.

Sobre a vogal nasal *ã*, alguns exercícios de percepção podem ser realizados, como a saída do ar pelas narinas e certa pressão na parte superior da boca. A vogal *a* parece ser mais relaxada e sai mais naturalmente. É importante ainda mostrar os ambientes em que essa vogal ocorre:

- Amanhã (final de palavra).
- Não (no ditongo ão).
- Cantar, também (antes das consoantes nasais *n* e *m*).

Para a pronúncia de palavras que terminam com *ão*, muito comuns em português, podemos praticar o prolongamento do *a* e a finalização com *u*, em vez de *o*, que aparece na ortografia das palavras. Aliás, no final de palavra, as vogais médias *e* e *o* são pronunciadas normalmente mais próximas a *i* e *u* na maioria dos dialetos do português brasileiro.

Outra questão que costuma ser intrigante para os alunos é a inserção de um *i* em algumas palavras. Podemos ver isso em exemplos como: *três* = "trêis"; *dez* = "deiz"; *mas* = "mais". Esse fenômeno só acontece na oralidade e em frente de determinadas consoantes, como *s* e *z*. Trata-se de um processo de vocalização, ou seja, aumento de uma vogal, e que ocorre em ambientes sonoros. Acontece também o acréscimo de *i*, a chamada *epêntese*, em palavras terminadas por certas consoantes. Como exemplo, considere as palavras a seguir:

- *hot dog*
- *internet*
- *lap top*
- *notebook*

A pronúncia mais comum no Brasil é algo como:

- "hotɪdoguɪ"
- "internetɪ"
- "lapɪtopɪ"
- "notɪbukɪ"

Nesses casos, podemos ver que são palavras provenientes da língua inglesa e que, no fim das sílabas ou das palavras, existem consoantes oclusivas. Isso não ocorre em português. As consoantes que terminam as palavras em nossa língua são *s*, *r*, *m* e raramente *n*, como em: *mês, mar, fim*. Por essa razão, utilizamos o *i* epentético para aproximar a pronúncia daquela a que estamos mais habituados e também da estrutura CV (consoante + vogal).

Podemos ter ainda a eliminação da semivogal *i* em ditongos, como em *brasileiro*, que passa a "brasilero". Esse fenômeno é bastante comum antes do fonema chamado *r* brando, ou tepe, presente nessa palavra. Contudo, pode ocorrer em outros ambientes, como em *beijo*, que passa a se pronunciar "bejo". Curiosamente, o fenômeno não acontece em palavras como *leite*.

Além da pronúncia dos segmentos, outra característica da oralidade é a entonação. Você já observou que no português brasileiro costumamos dar ênfase ao fonema tônico de algumas palavras? Isso é muito frequente em ocorrências como: "muuuuinto" e "noooossa". Perceba que o segmento que prolongamos é a vogal da sílaba tônica.

A entonação geralmente é explorada nas frases afirmativas, negativas e interrogativas, mas essa atividade deve ir muito além. Podemos praticar a entonação marcando palavras de interesse, que dizemos estarem focalizadas. A título de exemplo, leia o diálogo a seguir e prolongue a vogal da sílaba tônica que está sublinhada.

Exemplos de atividade de entonação

Diálogo 1:
- Oi, Pedro, tudo bem!
- Tudo bem!
- Você foi na academia ou parque hoje?
- Eu fui no parque hoje.

Diálogo 2:
- O que você comprou?
- Eu comprei essa calça.

Diálogo 3:
- Você ganhou essa calça?
- Não, eu comprei essa calça.

Para identificarmos a sílaba tônica, podemos imaginar que estamos chamando uma pessoa ou gritando algo para alguém que está longe e vamos ver que, nesses casos, prolongamos uma das sílabas.

Desse modo, o contexto e a entonação são importantes para esclarecer as frases que são ambíguas. Vejamos um exemplo de ambiguidade:

[5]. O Pedro não convidou só a Maria para a festa.

Essa sentença pode ter dois sentidos diferentes? Veja a pergunta: Quem o Pedro convidou para a festa? Agora, pronuncie com ênfase nas palavras em destaque:

[6]. O Pedro **não convidou** só a Maria para a festa.
[7]. O Pedro não convidou **só a Maria** para a festa.

Como podemos ver, pelas respostas [6] e [7], a pergunta sobre quem o Pedro convidou para a festa vai obter respostas diferentes dependendo da ênfase dada. No caso de [6], o Pedro convidou a Maria e outras pessoas; já em [7], a única pessoa que ele não convidou foi a Maria.

As observações que fizemos nesta seção são provenientes de anos de experiência com o ensino de PLE/PL2 e de estudo do funcionamento da língua. As gramáticas da língua portuguesa e também as do português brasileiro não apresentam explicações e análises sob essa perspectiva. Por isso, compete ao professor de PLE/PL2 filtrar e transformar as informações que encontra nas gramáticas para falantes nativos em conhecimentos úteis para seus alunos.

4.4.2 Usos dos verbos *ser* e *estar*

O uso dos verbos *ser* e *estar* está entre as dificuldades mais substanciais dos estudantes logo no início dos cursos. Esses dois verbos têm uma história curiosa e, embora sejam muito usados, apresentam formas muito irregulares, principalmente as do verbo *ser*. As gramáticas normativas ou tradicionais chamam esses verbos de *verbos de ligação*, e você certamente já viu e estudou esse conceito desde a escola fundamental. O curioso é que a denominação de *verbos de ligação* parece indicar que são menos importantes, como se apenas fizessem a conexão entre o sujeito e uma informação sobre esse sujeito que costuma aparecer na forma de um adjetivo. Observamos isso em frases como "Pedro é alto" ou "Pedro está alto". Esses verbos parecem ter pouca ou nenhuma informação semântica. É diferente com verbos como *comer* e *beber*, em que podemos imaginar uma ação que remete a hábitos cotidianos.

No entanto, como mencionamos, para os alunos de PLE/PL2, os verbos *ser* e *estar* causam enorme dificuldade. Isso se deve à sutileza da diferença entre eles e, é claro, ao fato de que em muitas línguas, como no inglês e no francês, existe apenas um verbo, que é *to be* ou *être*, respectivamente. Havendo apenas um verbo, é a ele que compete veicular qualquer um dos sentidos que em português pode corresponder a *ser* ou *estar*. Assim, teríamos a tradução "*Peter is tall*" para "Pedro é alto" e para "Pedro está alto".

Vamos observar então em que ambientes ou situações esses verbos são usados. Identifique se usamos *ser* ou *estar* nos casos a seguir:

Usos dos verbos *ser* e *estar*

Usamos com o verbo ....

1. Características psicológicas quando são temporárias ou mudaram/podem mudar facilmente.
2. Características físicas momentâneas ou que mudaram ou podem mudar.
3. Localização para objetos móveis, pessoas e até mesmo para alguns imóveis.
4. Problemas de saúde não permanente.

Usamos com o verbo ....

1. Profissão.
2. Nacionalidade.
3. Características físicas constantes.
4. Localização para imóveis.
5. Estado civil em determinado momento.

Afirmar que um verbo expressa ideia de permanência e outro de não permanência pode não ser suficientemente claro. De todos os usos desses verbos, é provável que a localização seja a mais confusa para os alunos, como em: "Onde está a farmácia? Onde é a farmácia?". E há ainda mais um verbo muito usado nesses casos que é *ficar*, como em: "Onde fica a farmácia?". Para problematizar ainda mais esse caso, observe a sentença: "A Ilha do Mel está localizada no Estado do Paraná". Tínhamos visto que para a localização para imóveis, usamos o verbo *ser* e agora temos uma sentença bem construída com o verbo *estar* com essa ideia. Esse assunto é aprofundado em artigo escrito por Santos e Silva (2018).

À parte a problemática em torno do item *localização*, que é o mais complexo para os nossos alunos, as outras situações são relativamente mais simples de serem abordadas. A questão é que, quando usamos o verbo *ser*, estamos descrevendo ou classificando algo de modo mais objetivo. Por outro lado, quando usamos *estar*, levamos em consideração uma possível mudança de estado recente ou a possibilidade de que haja mudança em um futuro próximo; pode referir-se, ainda, a um estado momentâneo, mas que leva em conta uma mudança. Observemos os exemplos: "Ele está alto (porque cresceu)"; "Ele está desmaiado (sabe-se que houve uma mudança de estado e que logo deve mudar)"; "Ele está correndo (sabe-se que ele não vai ficar correndo para sempre)". Com o uso do verbo *ser*, não temos essas situações; o que temos é uma informação "fechada" ou que nos remete ao fato em si, como em: "Ele é alto"; "Ele é casado"; "Ele é brasileiro".

Síntese

Este capítulo se concentrou em reflexões sobre a abordagem de estruturas linguísticas ou gramaticais no ensino de línguas e especialmente no ensino de PLE/PL2. Analisamos conceitos de gramática e sugerimos que a expressão mais apropriada para fazer referência aos conteúdos linguísticos ou gramaticais em materiais didáticos é *recursos linguísticos*, já que ela contém a ideia de uso como recurso para a produção de textos orais e escritos, e não como conteúdo central e direcionador para todas as atividades e propostas das aulas. No planejamento dos cursos, é necessário avaliar os objetivos dos alunos para que seja decidido o espaço que esses conteúdos devem ter. Queremos salientar que a reflexão linguística que propusemos neste capítulo não precisa ser feita com os alunos nos moldes aqui descritos. Embora tenhamos utilizado uma linguagem facilitada que seria apropriada para usar com alunos, antes de ser um conteúdo didático, o que apresentamos é um conteúdo para a formação de professores e a preparação de materiais didáticos.

Concluímos o capítulo com perguntas e dúvidas frequentes que geralmente aparecem nas aulas de PLE/PL2. Poderíamos citar um grande número delas, mas nos concentramos em problemas como pronúncia e entonação e também na distribuição dos verbos *ser* e *estar*. Procuramos, na verdade, despertar a atenção para análises e pesquisas sobre dúvidas apresentadas pelos alunos. Vimos que as gramáticas em geral não fornecem explicações adequadas para o entendimento de nossa língua quando ela está no contexto de língua estrangeira.

Atividades de autoavaliação

1. A palavra *gramática* pode ter diferentes sentidos dependendo das intenções do falante ou mesmo do âmbito social em que estamos inseridos. Os estudos referentes à gramática têm longa tradição e estabelecem conceitos que priorizam regras idealizadas que determinam formas adequadas para a fala e para a escrita. Com relação ao estudo da gramática nos cursos de línguas estrangeiras, analise as afirmativas a seguir.

   I. Devemos considerar que a gramática de uma língua pode apresentar diferenças entre as modalidades da fala e da escrita.

   II. As gramáticas normativas valorizam as formas faladas e informais da língua.

   III. Um modo adequado de explorar tudo o que se refere à gramática é considerar que se constitui em recursos linguísticos que possibilitam a fala e a escrita.

   IV. Os recursos linguísticos podem ser explorados nos materiais didáticos, mas não precisam ser o centro do planejamento e da organização das propostas.

   Agora, assinale a alternativa que indica as afirmativas corretas:
   a. I, III e IV.
   b. I, II e IV.
   c. I, III e IV.
   d. I e IV.

2. Existem várias formas de abordar as questões que se referem à constituição gramatical de uma língua nos materiais didáticos e nas aulas. Algumas abordagens propõem explicitamente os tópicos gramaticais, enquanto outras seguem caminhos diferentes.

Marque I para os itens que se referem ao ensino explícito e com II os que se referem ao ensino implícito.

( ) Envolve a prática de algum tipo de regra.
( ) Concentra a atenção do aluno no significado e no sentido.
( ) A aprendizagem é acidental ou espontânea.
( ) Promove o conhecimento metalinguístico.

Agora, assinale a alternativa que corresponde à sequência obtida.

a. I, I, II, II.
b. I, II, II, I.
c. II, I, I, II.
d. I, II, II, II.

3. Há grande carência quanto à publicação de gramáticas que sejam destinadas ao ensino do português brasileiro sob o viés do ensino-aprendizagem de uma língua estrangeira. As dúvidas e as necessidades desses alunos são, em grande parte, diferentes das dúvidas que os falantes de língua materna têm. Essa carência gera grandes dificuldades para a elaboração de materiais didáticos e para a formação de professores na área.

Quanto ao uso de gramáticas como fonte de informações e pesquisa para o ensino de PLE/PL2, analise as afirmativas a seguir.

I. O ensino de PLE/PL2 necessita de informações e reflexões sobre o funcionamento da língua e de suas origens e características.
II. Apenas o registro-padrão é suficiente como base para os estudos de língua estrangeira sob a abordagem comunicativa.
III. É necessário utilizar gramáticas que descrevam diferentes variedades do português brasileiro.
IV. Para a formação de professores de PLE/PL2, não há nenhuma necessidade de haver reflexões sobre questões gramaticais e de funcionamento da língua.

Agora, assinale a alternativa que indica a(s) afirmativa(s) correta(s):
a. Apenas I e III.
b. Apenas III.
c. Apenas III e IV.
d. Apenas IV.

4. O ensino de línguas maternas e estrangeiras têm diferentes perspectivas. Os estrangeiros não dominam construções que os falantes nativos estão acostumados a formular desde a infância. Isso tudo faz com que as aulas de LE/L2 contemplem questões que visam explorar determinadas necessidades.

Quais são as dificuldades mais comuns dos alunos estrangeiros no que se refere às vogais do português brasileiro? Considere os seguintes casos:
I. Identificação e produção das vogais médias.
II. Produção das vogais nasais.
III. Compreensão do apagamento ou eliminação da vogal *i* em algumas palavras.

IV. Acréscimo da vogal *i* após determinadas consoantes em final de sílaba, no meio ou no final de palavras.

Agora, assinale a alternativa que indica os itens corretos:
a. I, II, IV.
b. II, III, IV.
c. I, III, IV.
d. I, II, III, IV.

5. Outra dificuldade bastante comum entre os alunos é referente aos usos dos verbos *ser* e *estar*. No entanto, sistematizar a distribuição desses verbos provavelmente é difícil também para os professores. Muitos materiais didáticos tentam apresentar explicações, mas em geral são insuficientes. A alternativa para a formação de docentes é refletir sobre os contextos em que esses verbos são usados e os sentidos que assumem.

Relacione os contextos de uso aos respectivos verbos.

1 = verbo *ser*

2 = verbo *estar*

( ) Em frases em que se indica a nacionalidade.
( ) Em frases em que se indica a profissão.
( ) Em frases que se referem a características psicológicas quando forem temporárias ou mudarem facilmente.
( ) Em frases que se referem a características físicas constantes ou permanentes.

Agora, assinale a alternativa que indica a sequência obtida:

a. 1, 1, 2, 1.
b. 1, 1, 1, 1.
c. 1, 2, 2, 2.
d. 1, 2, 1, 2.

Atividades de aprendizagem

Questões para reflexão

1. Leia as citações a seguir e responda às questões propostas:

> "O primeiro método desenvolvido no ensino de línguas é o Método da Tradução e Gramática. Este visa ao desenvolvimento da habilidade de leitura e da escrita. Há uma supervalorização do ensino das regras gramaticais da língua-alvo, memorização de vocabulário, de conjugações verbais e outros itens gramaticais. O objeto de estudo deste método é a tradução de textos, e não há o desenvolvimento de habilidades orais, sendo raros os momentos de interação em sala de aula." (Souza, 2013, p. 39)

> "Esta abordagem propõe um novo olhar para os fatos linguísticos, antes vistos com as lentes estruturalistas de língua como sistema de regras, autônomo, homogêneo e estático, por uma visão mais próxima do funcionalismo, que entende a língua como um sistema múltiplo, dinâmico e aberto. Essas questões, no âmbito da sala de aula de língua estrangeira causam muitos questionamentos aos professores quanto à forma de sistematização do conteúdo gramatical dentro de uma abordagem comunicativa." (Souza, 2013, p. 43)

a. Compare os dois excertos e analise se existe diferença quanto ao ponto de vista dos autores. O que cada um defende como adequado para o ensino de gramática?
b. Qual é seu ponto de vista sobre a forma de ensinar gramática?

Atividades aplicadas: prática

1. Desenvolva uma atividade para a prática de pronúncia ou de entonação do português brasileiro. Veja alguns exemplos:

Observe a pronúncia de alguns dos sons nasais do português e escreva as palavras na tabela correspondente:

cantar	também	manhã	[ã]	[ãw]
alemã	pão	irmão	....	....
alemão	semana	irmã	....	....
não	são	tão	....	....
criança	valorização	região	....	....
canção	coração	paixão	....	....

Observe a pronuncia das vogais médias. Identifique os fonemas:

	nó	pó	sou	coco	forró	olho	óleo	porto	portos	jogo	jogos	dose (s.)	doze (n.)
[o]													
[ɔ]	×												

2. Imagine que as perguntas a seguir sejam feitas por alunos de PLE/PL2. Que respostas você daria?

a. Quando se usa *para* e *por*? Qual é a diferença entre essas preposições?

b. Qual é a diferença entre o tempo verbal pretérito perfeito e o pretérito imperfeito?

c. Quando usar *tudo* e *todo*?

um	Conceitos, definições e observações práticas sobre materiais didáticos
dois	Reflexões sobre abordagens de ensino de PLE/PL2
três	Exploração de gêneros textuais/discursivos nos materiais didáticos de PLE/PL2
quatro	Qual o espaço da gramática no ensino de PLE/PL2?
cinco	**Critérios para análise de materiais didáticos para o ensino de PLE/PL2**
seis	Elaboração de unidades temáticas para o ensino de PLE/PL2

❰ COM A INTENÇÃO de direcionar as reflexões para a elaboração de atividades, discutiremos neste capítulo mais alguns pontos que julgamos importantes para fomentar a produção de materiais didáticos. Entre esses itens está a análise de livros didáticos e de unidades temáticas/didáticas de PLE/PL2. Para isso, citaremos trabalhos já publicados sobre o tema, forneceremos uma lista com livros didáticos publicados e proporemos critérios para análise de materiais didáticos. Este último item será estudado em mais detalhes, pois é o tópico central do capítulo.

Com relação aos livros didáticos de PLE/PL2 publicados, temos de salientar o pouco incentivo que autores de materiais didáticos têm e, além disso, a limitação do uso de textos autênticos em virtude da Lei de Direitos Autorais. Esses fatores vêm restringindo o desenvolvimento e a criação de novos livros didáticos na área. Os autores que já publicaram merecem o reconhecimento pelo grande esforço que certamente empregaram até conseguir a publicação.

cincopontoum
Histórico dos livros didáticos de PLE/PL2

Sobre o histórico dos livros didáticos de PLE/PL2, um trabalho riquíssimo foi realizado por Pacheco (2006). A autora destaca inicialmente o plurilinguismo vivenciado no Brasil há muito tempo e atribui aos jesuítas – os primeiros professores de línguas estrangeiras em nosso país – o pioneirismo no processo de elaboração de materiais didáticos. Ela apresenta também dados referentes aos materiais produzidos por escolas particulares mantidas pelas comunidades de imigrantes a partir do fim do século XIX. Sobre os livros didáticos para o ensino de PLE/PL2, a autora informa que o primeiro manual registrado data de 1901 e foi elaborado por um professor de PLE de uma escola alemã chamado Rudolf Damm. Pacheco (2006) afirma que a produção de materiais didáticos de PLE é caracterizada pelo anonimato. No século XX, foi a partir da década de 1950 que alguns projetos começaram a dar frutos. Na década seguinte, algumas iniciativas políticas e econômicas deram ânimo para a área, assim como os estudos em linguística aplicada. É preciso lembrar que nos anos 1950-1960 o Brasil viveu um período de desenvolvimento que, entre outros fatores, favoreceu a vinda de estrangeiros. Com eventos como a construção de Brasília e a instalação da indústria automobilística, "o Brasil passou a ser reconhecido como nação com desenvolvimento potencial. Muitos executivos passaram a vir do exterior para assumirem os cargos de direção das empresas multinacionais que no país se instalavam, especialmente no sudeste do país" (Pacheco, 2006, p. 73).

Situação semelhante ocorreu no início dos anos 2000 até por volta de 2014, quando o Brasil entrou em um período de recessão econômica. A participação do país nos BRICS (grupo político de cooperação composto por Brasil, Rússia, Índia, China e, mais recentemente, África do Sul) impulsionou o investimento de empresas estrangeiras em nosso país e a vinda de estrangeiros para cá. Consequentemente, houve uma significativa produção de livros didáticos para o ensino de PLE/PL2. Temos de destacar igualmente a importância de professores que se empenharam para a institucionalização de cursos de PLE/PL2 em universidades brasileiras. Além disso, podemos citar outras importantes iniciativas, tais como a criação do exame de proficiência Celpe-Bras como uma política pública para o incentivo à consolidação da área e a criação da Sociedade Internacional de Português Língua Estrangeira (Siple).

Vamos apresentar a seguir uma cronologia da produção de livros didáticos de PLE/PL2, de acordo com Pacheco (2006).

Cronologia da produção de livros didáticos de PLE no Brasil

1901 – *Manual de língua portuguesa* – Rudolf Damm. [...]

1954 – *Português para estrangeiros*, 1º Livro. Mercedes Marchant, Porto Alegre: Sulina.

1973 – *Português: conversação e gramática*. Haydée Magro & Paulo de Paula. São Paulo: Brazilian American Cultural Institute/Livraria Pioneira Editora.

1974 – *Português para Estrangeiros*, 2º Livro. Mercedes Marchant, Porto Alegre: Sulina.

1978 – *Português do Brasil para estrangeiros*. Vol. 1. S. BIAZOLI & Francisco G. MATOS. São Paulo: Difusão Nacional do Livro.

1978 – *Português para estrangeiros I e II: conversação cultura e criatividade*. S. BIAZOLI & Francisco G. MATOS. São Paulo: Difusão Nacional do Livro Editora e Importadora Ltda.

1978 – *Português do Brasil para estrangeiros*. Vol. 2. S. BIAZOLI & Francisco G. MATOS. São Paulo: Difusão Nacional do Livro.

1980 – *Falando, lendo, escrevendo português: um curso para estrangeiros*, Emma Eberlein O. F. Lima & Samira A. Iunes, São Paulo: Ed. EPU (Editora Pedagógica e Universitária).

1983 – *Português para falantes de espanhol*. Leonor Cantareiro Lombello e Marisa de Andrade Baleeiro. Campinas, SP: UNICAMP/FUNCAMP/MEC.

1984 – *Tudo Bem 1: Português do Brasil*. Raquel Ramalhete, Rio de Janeiro: Ed. Ao Livro Técnico S/A, Indústria e Comércio.

1985 – *Tudo Bem 2: Português do Brasil*. Raquel Ramalhete, Rio de Janeiro, Ed. Ao Livro Técnico S/A.

1989 – *Fala Brasil, Português para Estrangeiros*. Elizabeth Fontão do Patrocínio e Pierre Coudry, São Paulo, Campinas, Pontes Editores Ltda.

1989 – *Muito Prazer! Curso de Português do Brasil para Estrangeiros*. Ana Maria Flores. Volumes I e II. Rio de Janeiro: Ed. Agir.

1990 – *Português Via Brasil: Um Curso Avançado para Estrangeiros*, Emma Eberlein O. F. Lima, Lutz Rohrman, Tokiko Ishihara, Cristián Gonzalez Bergweiler e Samira A. Iunes. São Paulo: Ed. EPU.

1990 – *Português como Segunda Língua*. ALMEIDA, M. & L Guimarães, L. Rio de Janeiro: Ao Livro Técnico.

1991 – *Avenida Brasil 1: Curso Básico de Português para Estrangeiros*. Emma Eberlein O. F. Lima, Lutz Rohrmann, Tokiko Ishihara, Cristián González Bergweiler e Samira Abirad Iunes. São Paulo: Ed. EPU.

1992 – *Aprendendo Português do Brasil*. Maria Nazaré de Carvalho Laroca, Nadine Bara & Sonia Maria da Cunha. Campinas, São Paulo: Pontes Editores Ltda.

1994 – *Português para estrangeiros: infanto-juvenil*. Mercedes Marchand. Porto Alegre: Age.

1995 – *Avenida Brasil II*. Emma E. Lima, Cristián Gonzaléz & Tokiko Ishihara. São Paulo: EPU.

1997 – *Português para estrangeiros: nível avançado*. Mercedes Marchand. Porto Alegre: Age.

1998 – *Português para estrangeiros I e II.* MEYER, R. M et alii. Rio de Janeiro: PUCRio. (Edição experimental).

1999 – *Falar, Ler e Escrever Português: Um Curso para Estrangeiros* (reelaboração de Falando, Lendo, Escrevendo Português) de Emma E. O. F. Lima e Samira A I. São Paulo: Ed. EPU.

1999 – *Bem-vindo!* Maria Harumi Otuki de Ponce; Silvia R. B. Andrade Burin & Susanna Florissi. São Paulo, Editora SBS.

2000 – *Sempre Amigos: Fala Brasil para Jovens.* Elizabeth Fontão do Patrocínio & Pierre Coudry. Campinas, SP: Pontes.

2000 – *Sempre Amigos: De professor para professor.* Elizabeth Fontão do Patrocínio & Pierre Coudry. Campinas, SP: Pontes.

2001 – *Tudo Bem? Português para Nova Geração.* Volume 2. Maria Harumi Otuki de Ponce, Silvia Regina. B. Andrade Burim & Susana Florissi. São Paulo: Ed. SBS.

2001 – *Interagindo em Português.* Eunice Ribeiro Henriques e Danielle Marcelle Granier. Brasília: Thesaurus.

2002 – *Passagens: Português do Brasil para Estrangeiros com Guia de Respostas Sugeridas.* Rosine Celli. Campinas, SP: Pontes.

2003 – *Diálogo Brasil: Curso Intensivo de Português para Estrangeiros.* Emma
Eberlein O. F. Lima, Samira Abirad Iunes & Marina Ribeiro Leite. São Paulo: Ed. EPU.

2004 – *Aquarela do Brasil: Curso de Português para falantes de espanhol.* Edileise Mendes Oliveira Santos (MD proposto em sua Tese de Doutoramento, apresentada na UNICAMP, em 2004).

2005 – *Estação Brasil: Português para estrangeiros.* BIZON, A. C. Campinas, SP: Ed. Átomo.

FONTE: Pacheco, 2006, p. 81-84.

Como o estudo realizado foi publicado na tese de doutorado* de Denise Pacheco em 2006, não fazem parte da lista publicações mais recentes. Por essa razão, listaremos a seguir alguns livros disponíveis para o ensino de PLE/PL2 impressos depois de 2006. Alguns deles não foram publicados no Brasil, mas optamos por listá-los em virtude da possiblidade de serem adquiridos via internet. Observe que a lista feita por Pacheco tem apenas publicações brasileiras; em nossa lista, porém, inserimos também livros de outros países, pois nosso objetivo é informar as possibilidades disponíveis atualmente.

> ### Lista de algumas publicações de livros didáticos de PLE/PL2 de 2006 a 2017
>
> 2006 – *Panorama Brasil: ensino do português do mundo dos negócios*. Harumi de Ponce, Silvia Burim e Susana Florissi. São Paulo: Galpão.
>
> 2008 – *Novo Avenida Brasil, 1: curso básico de português*. Emma Eberlein. O. F. Lima. São Paulo: E. P. U.
>
> 2008 – *Muito prazer: fale o português do Brasil*. Gláucia Roberta Rocha Fernandes, Telma de Lurdes São Bento Ferreira e Vera Lúcia Ramos. Barueri, SP: Disal.
>
> 2008 – *Terra Brasil: curso de língua e cultura*. Regina Lúcia Dell'Isola e Maria José Apparecida de Almeida. Belo Horizonte: Ed. da UFMG.

---

* O título da tese é *Português para estrangeiros e os materiais didáticos: um olhar discursivo*. O estudo envolve as áreas de análise do discurso e a linguística aplicada, e apresenta análises de livros didáticos de PLE/PL2 destinados ao público adolescente.

2010 – *Viva!: Língua portuguesa para estrangeiros.* (Coleção Viva!). Claudio Romanichen. Curitiba: Positivo.

2011 – *Viajando ao Brasil.* Sueli Sirlei Behne de Guerrero. Assunção: Ilpor.

2011 – *Cozinhar em português.* Liliana Gonçalves. Lisboa: Lidel.

2012 – *Gramática ativa 1 e 2.* Versão brasileira. Isabel Coimbra e Olga Mata Coimbra. 2 ed. Lisboa: Editora Lidel, 2012.

2013 – *Oi, Brasil! Um curso de português para estrangeiros.* Nair Nagamine Sommer e Odete Nagamine Weidmann. Alemanha: Hueber Verlag GmbH.

2016 – *Criatividade e expressão: exercícios de português para estrangeiros.* Tatiana Ribeiro. São Paulo: Disal.

2017 – *Falar... Ler... Escrever..., Português: um curso para estrangeiros.* Emma Eberlein O. F. Lima e Samira A. Lunes. 3 ed. Rio de Janeiro: E.P.U.

2017 – *Brasileirinho: português para crianças e pré-adolescentes.* Claudenir Gonçalves. Rio de Janeiro: E.P.U.

2017 – *Estação Brasil: português para estrangeiros.* Ana Cecília Cossi Bizon e Elizabeth Fontão do Patrocínio. Campinas: Átomo.

2017 – *Brasil intercultural: língua e cultura brasileira para estrangeiros.* Isaure Schrägle e Paula Monteiro Mendes. Coordenação de Edleise Mendes. Buenos Aires: Casa do Brasil Argentina.

Os livros didáticos têm seu valor como instrumento facilitador para o processo de ensino-aprendizagem. Contudo, conforme a pesquisa mencionada no Capítulo 1, na Seção 1.2 (Perin Santos et al., 2020, no prelo) os professores entrevistados consideram como ideal a utilização de materiais e atividades produzidas especialmente para os grupos para os quais ensinam. É provável que um grande número de profissionais em escolas particulares ou mesmo em universidades esteja produzindo os próprios materiais. Vários fatores favorecem essa produção, inclusive a pouca adequação dos livros didáticos publicados aos interesses dos alunos.

Futuramente, é provável que novas publicações sejam lançadas buscando-se atender a grupos específicos. Além disso, há grande necessidade de publicações adaptadas a aplicativos e sistemas eletrônicos. Para o ensino de língua inglesa em especial, já vemos publicações adaptadas a telas ou a quadros interativos que permitem o acesso aos conteúdos dos livros didáticos. Alunos e professores podem acessar os textos e visualizá-los com mais rapidez, em vez de terem de baixar vídeos e áudios para usá-los nas aulas. Esse sistema apresenta maior dinamismo, porém o livro impresso continua sendo utilizado.

cincopontodois
Ensino específico para público específico

Produzir os materiais didáticos destinados a atender às especificidades do perfil dos alunos com os quais trabalham tem sido uma prática constante e o desejo de muitos professores. De acordo com Perin Santos (2017, p. 172), "embora há algum tempo se produzam manuais para ensino de PLE essa produção não parece ter atingido ainda um nível de qualidade e quantidade suficientes para atender, principalmente, as especificidades que envolvem o ensino-aprendizagem dessa língua".

Quando pensamos em especificidades do ensino de PLE/PL2, podemos considerar características linguístico-culturais dos alunos e também seus interesses e necessidades profissionais, educacionais ou pessoais. Além disso, podemos considerar as especificidades situadas, ou seja, referentes ao local ou ao espaço em que o curso ou as aulas ocorrem. No primeiro capítulo, destacamos diferentes perfis de alunos(as); dependendo desses aspectos, é possível fazer escolhas e organizar o currículo, os planos de aula e os materiais a serem usados. Temos de considerar também que, nos primeiros contatos com a língua, os objetivos de aprendizagem dos alunos estarão mais ligados à necessidades básicas de comunicação e à aquisição de estruturas básicas ou mesmo às formas mais comuns ou frequentes da língua. Nos níveis intermediários, podemos direcionar a aprendizagem para questões específicas. O momento de fazer isso é um assunto controverso, pois há quem acredite ser ideal iniciar os cursos já com a proposta direcionada. De qualquer modo, há grande necessidade de estudos que avaliem o desenvolvimento dessas propostas.

Embora valorizemos o ensino específico para públicos específicos, queremos destacar que isso não significa que os alunos aprenderão tudo de que precisam ou mesmo que se especializarão em determinado assunto. Na verdade, a intenção é aproveitar o máximo possível o tempo disponível para as aulas, e não seguir livros didáticos de modo automático, sem analisar sua qualidade, sua funcionalidade e sua adequação aos objetivos dos estudantes. Direcionar o trabalho trará maior objetividade, no entanto devemos estar conscientes de que podem surgir necessidades variadas, as quais não tínhamos previsto, e que talvez não seja possível dar conta de tudo o que envolve determinado campo comunicativo. Precisamos, por isso, considerar também as questões mais importantes ou necessárias e, além disso, ensinar estratégias que facilitem o entendimento e valorizem a autonomia dos alunos. Vejamos alguns exemplos de estratégias:

- ao ler um texto, procurar identificar primeiro as palavras conhecidas ou que têm o mesmo radical de alguma língua que dominem;
- procurar perceber qual é o gênero do texto e seus objetivos para então inferir o tema de que ele trata; o que o texto vai falar ou está falando;
- na comunicação oral, observar com atenção o contexto de realização, não tentar entender todas as palavras e pensar na tradução individualmente para depois juntar tudo e montar as frases, pois isso leva muito tempo e a oralidade é muito dinâmica;
- identificar a conjugação dos verbos, pois eles têm papel essencial nas frases e expressam se estamos falando de algo referente ao presente, ao passado ou ao futuro. Para alunos(as) iniciantes, procurar entender situações de temporalidade

favorece muito a compreensão. Os advérbios também contribuem bastante para esse entendimento.

Outra questão que gostaríamos de levantar em relação à preparação de materiais para públicos específicos é o fato de que esses materiais não necessariamente devem apresentar apenas um direcionamento a fim de atender a um público particular; é importante que sejam preparados para determinado grupo de estudantes, embora haja grande diversidade entre eles. Essa é uma situação muito frequente nas aulas em grupos de imersão atualmente no Brasil. Algumas escolas estão recebendo estudantes estrangeiros tanto no ensino fundamental, no ensino médio e no ensino de jovens e adultos. Nesses casos há muita mistura de perfis de estudantes. O maior grau de dificuldade pode ser a presença de falantes de espanhol e de árabe na mesma turma, além de haver brasileiros. Certamente essas são situações complexas sob vários pontos de vista, mas principalmente em relação à preparação dos materiais. Você poderá acompanhar o desenvolvimento de um material didático para grupos heterogêneos no Capítulo 6.

A preparação de materiais específicos vem sendo estudada por alguns autores, como Vilaça (2009), Ramos e Marchesan (2013), Furtoso e Killner (2015), Perin Santos (2017).

A preocupação desses estudos, de modo geral, é a valorização de temas ou assuntos que sejam significativos a fim de despertar maior interesse dos estudantes e consequentemente maior interação e interlocução. Nessa perspectiva, certamente haverá maior interesse e, consequentemente, maior chance de ocorrer a aprendizagem.

De acordo com Perin Santos (2017, p. 173),

> *Pensar que um único material possa ser utilizado por falantes de línguas próximas e línguas distantes é pensar em um material genérico e corre-se o risco de querer atender a todos e acabar não atendendo ninguém. Por isso, há a necessidade de se produzirem materiais específicos para públicos específicos.*

A autora está se referindo especialmente a livros didáticos ou materiais que, por interesses comerciais ou por desconhecimento por parte dos autores tentam atender a diferentes públicos e destaca a fragilidade dessa prática.

Podemos identificar cursos de línguas destinados a interesses específicos e mesmo livros didáticos ou materiais didáticos com esse propósito. Vamos citar alguns cursos para fins específicos. Iniciamos com o projeto Português Brasileiro para Migração Humanitária (PBMIH), da Universidade Federal do Paraná (UFPR), cujo foco é atender migrantes e refugiados. As maiores necessidades desses alunos estão ligadas ao funcionamento do mercado de trabalho, aos seus direitos e deveres como cidadãos, entre outros conhecimentos sobre a dinâmica da nova sociedade onde vivem.

Vale citar também materiais destinados ao ensino de PLE/PL2 para agentes da polícia rodoviária do Uruguai desenvolvidos pela Universidade Federal de Santa Maria (UFSM) por meio do Centro de Ensino e Pesquisa em Línguas Estrangeiras Instrumentais (Cepesli). Você pode saber mais sobre o Curso de Capacitação Português Língua Estrangeira para Agentes do

Governo Uruguaio – Polícia Caminera no *site* que indicamos a seguir.

> CEPESLI – Centro de Ensino e Pesquisa em Línguas Estrangeiras Instrumentais. **Capacitação Português Língua Estrangeira para Agentes do Governo Uruguaio – Polícia Caminera.** Disponível em: <http://coral.ufsm.br/cepesli/index.php/cursos/portugues-le-caminera>. Acesso em: 5 out. 2019.

Outro exemplo é o *Roteiro didático para ensino de PLE no contexto acadêmico*, escrito por Mariana Killner, sob a coordenação de Viviane B. Furtoso. Essa proposta visa fornecer orientações e atividades para professores de PLE/PL2 relacionadas à produção de textos (escritos e orais) voltados ao meio acadêmico. Para conhecer esse roteiro didático, acesse o *link* a seguir.

> FURTOSO, V. B. (Coord.); KILLNER, M. **Roteiro didático para o ensino de PLE em contexto acadêmico.** 2016. Disponível em: <http://www.uel.br/pos/meplem/pages/arquivos/KILLNER_Mariana_Me_2016.pdf>. Acesso em: 5 out. 2019.

Igualmente ligado ao público universitário é o Curso de Espanhol – Português para Intercâmbio (Cepi), que se constitui em um curso de português como língua estrangeira *on-line* destinado a estudantes de universidades latino-americanas que farão intercâmbio. Leia mais sobre esse projeto no artigo "Análise de material didático para o ensino de línguas adicionais a distância:

orientações e reflexões para o *design* de tarefas pedagógicas" (Bulla; Lemos; Schllater, 2012).

Quanto aos livros didáticos publicados e destinados a fins específicos, podemos citar a obra *Panorama Brasil: ensino do português do mundo dos negócios*, de Harumi de Ponce, Silvia Burim e Susanna Florissi (2006). Como o título indica, trata-se de um manual destinado a profissionais interessados em fazer negócios com o Brasil e também expatriados que estão no país para desenvolver atividades laborais. Materiais didáticos voltados a esse público há muito tempo têm sido de grande necessidade e certamente há espaço para que outras publicações sejam lançados no mercado.

Queremos citar também o livro *Brasileirinho: português para crianças e pré-adolescentes*, de Claudemir Gonçalves (2017).

Sobre o ensino de PL2 em comunidades indígenas, sugerimos o artigo: "Ensino de português L2 e produção de material didático-pedagógico: formação continuada de professores Xavante" (Ferreira, 2012).

Citamos apenas alguns exemplos de materiais específicos ou mesmo voltados para determinado público; certamente existem muitos trabalhos nessa mesma linha que não mencionamos.

Há muito tempo se fala sobre a necessidade de publicações destinadas ao ensino de PLE/PL2 para hispano falantes. Gostaríamos de destacar esse ponto, pois no Brasil há muitos alunos hispanófolos – talvez seja o maior público. Além disso, a proximidade geográfica com países falantes do espanhol exige um tratamento especial a esses grupos de estudantes. De acordo com Scaramucci, Diniz, Stradiotti (2009, p. 278), evidenciando-se "o aumento na demanda por livros apropriados para crianças e jovens em fase de escolarização, dado que o português passa, pouco a pouco, a ser oferecido como disciplina obrigatória nos currículos de algumas escolas de países do Mercosul". Lopes (2009, p. 101) também ressalta a carência de variedade de materiais "para que os professores possam fazer opção de acordo com as necessidades e a realidade de seus alunos".

cincopontotrês
Análise de livros didáticos e atividades

Agora vamos nos concentrar nos critérios para análise de materiais didáticos, especialmente de livros didáticos e de unidades temáticas/didáticas de PLE/PL2. Em grande medida, há muito em comum entre os critérios a serem aplicados na análise de livros didáticos de ensino de línguas de modo geral. Um trabalho orientador nesse sentido é o Guia do Programa Nacional do Livro Didático (PNLD), publicado pelo Ministério da Educação. Para conhecer em detalhes esse guia, acesse o *link* indicado a seguir.

> BRASIL. Ministério da Educação. Fundo Nacional de Desenvolvimento da Educação. **Programas do Livro**: PNLD – Guia do Livro Didático. Disponível em: <http://www.fnde.gov.br/index.php/programas/programas-do-livro/pnld/guia-do-livro-didatico>. Acesso em: 5 out. 2019.

No decorrer dessa análise, não vamos nos restringir a um tipo de material didático, e sim considerar elementos básicos de análise que perpassam tanto livros didáticos e de atividades – que podem ser desde um jogo até uma atividade de leitura –, quanto uma unidade temática/didática com várias páginas e com o objetivo de explorar várias habilidades comunicativas. Essa análise pode ser feita em dois âmbitos relativamente diferentes, como veremos a seguir.

O primeiro se refere diretamente ao público-alvo para o qual o material será destinado; nesse caso, o olhar deve ser voltado especialmente às prioridades de aprendizagem desses alunos. Com essa condição, a análise se restringe ao que poderá ajudar ou contribuir para o desenvolvimento de determinadas habilidades, interesses ou carências dos estudantes. Imagine que tenhamos alunos interessados em saber sobre a economia do Brasil, sobre as características das práticas de negócios com brasileiros, sobre gêneros textuais/discursivos referentes ao âmbito comercial. Esses mesmos alunos já estudaram muito a respeito de recursos linguísticos ou gramática da língua e já apresentam um nível de proficiência intermediário, pretendendo agora aprofundar conhecimentos linguísticos, mas também saber sobre questões diversas relacionadas ao ambiente de negócios. Nesse caso, temos um perfil de interesse e, com base nessas informações, devemos procurar materiais (livros didáticos, textos, atividades etc.) que possam atender a esse público. Há então uma preocupação central, e nosso olhar será direcionado a suprir essa demanda.

O segundo âmbito de análise são a investigação e a reflexão de modo geral sobre a qualidade e a constituição de materiais didáticos. Tudo isso envolve parâmetros básicos e atuais de análise que serão úteis igualmente tanto para a escolha de livros para um público específico como para a análise de qualquer material didático para o ensino de línguas. Trata-se de questões gerais e amplas, porém essenciais para a observação apurada dos materiais.

Para delimitarmos nosso trabalho de análise, vamos dividir essa tarefa em algumas etapas:

- análise de fatores estéticos, composicionais, organizacionais e sobre o formato dos materiais didáticos;
- análise dos referenciais teórico-metodológicos que permeiam a obra;
- análise das propostas de desenvolvimento de atividades diversas: sua progressão, criatividade e relevância.

Vamos explorar cada um desses itens na sequência.

5.3.1 Análise de fatores estéticos, composicionais, organizacionais e sobre o formato dos materiais didáticos

É provável que você, leitor, estranhe iniciarmos a análise com fatores estéticos, pois podem parecer menos importantes no conjunto de itens para a análise. Talvez essas questões sejam de fato menos importantes no conjunto dos elementos que compõem um material didático. Entretanto, são os aspectos que mais saltam aos olhos no momento da análise e que, em geral, são examinados de modo superficial, porque somos fortemente movidos por efeitos visuais. As cores e a estética há séculos influenciam as escolhas e as preferências das pessoas. Observe como escolhemos roupas, mobílias, decoração e objetos em geral. Valores estéticos pesam muito em nossas opções. Contudo, em se tratando de materiais didáticos, não deveríamos ser levados por esses fatores, afinal, o que é mais importante nesses casos é a qualidade da proposta de ensino. A chance de você confirmar essa afirmação é grande, no entanto percebemos que frequentemente fatores estéticos são muito atrativos e materiais didáticos não estão fora dessa realidade.

Então, como podemos fazer escolhas mais conscientes considerando esses fatores? Alguns livros didáticos de PLE/PL2 publicados no Brasil apresentam cores vivas e alegres, pois existe a ideia de que nosso país é muito colorido por ser de clima tropical e, por essa razão, há frequentemente a intenção de relacionar o ensino do português brasileiro a cores fortes e contrastantes. A questão é que deve haver harmonia na composição desses materiais, pois serão usados para o ensino e devem ser atraentes, porém agradáveis. Temos então a primeira pergunta que deve nortear nossa análise:

> 1. A composição do material é esteticamente harmoniosa, atraente e agradável?

Quanto aos fatores composicionais, aqui nos referimos a imagens, fotos e desenhos e especialmente à sua qualidade e adequação no que diz respeito a fatores politicamente e socialmente adequados. É o caso das imagens estereotipadas, como desenhos e caricaturas que salientem defeitos ou mesmo características de pessoas de determinados lugares. Esse tipo de texto não verbal tende a cristalizar a ideia de que todos são daquele modo; é o caso, por exemplo, de imagens que retratam alemães gordinhos com chapéu típico da festa de Oktoberfest e tomando cerveja.

Ainda sobre fatores composicionais, devemos observar se há restrição quanto a modelos idealizados de pessoas e lugares. Sabemos que vivemos em um mundo plural, e os materiais devem, em seu conjunto, apresentar "personagens" de diferentes níveis sociais, culturais e econômicos. Isso implica considerar pessoas de diferentes profissões, lugares e idades. Veja a seguir uma atividade de compreensão de áudio proposta por Perin Santos et al. (2019, no prelo).

Compreensão de áudio

1. Ouça os áudios e responda à pergunta:
   a. Qual é a melhor e a pior coisa para fazer num final de semana?

Áudio 1	Áudio 2	Áudio 3	Áudio 4
Nome: *Ingrid* Estado: *Rondônia* Melhor: *Sair com amigos* Pior: *Lavar louça em um dia frio*	Nome: *Anne* Estado: *Pará* Melhor: *Ficar deitada na cama* Pior: *Seria estar doente e ter que enfrentar um hospital*	Nome: *Juliana* Estado: *Bahia* Melhor: *Sair com os amigos* Pior: *Ficar em casa sem ter nada para fazer*	Nome: *Júlia* Estado: *Espírito Santo* Melhor: *Fazer atividades ao ar livre, ir no parque, passear pela cidade* Pior: *Estudar*

FONTE: Perin Santos et al., 2020. No prelo.

Sobre os fatores organizacionais e o formato dos materiais, queremos destacar que é necessário pensar em um conjunto de propostas para compor o material didático. Um livro didático, por exemplo, deve ter: apresentação escrita pelos autores ou pela editora, deixando claro para qual público se destina e quais são as tendências teóricas seguidas ou predominantes; apresentação dos objetivos socioculturais e linguísticos de cada unidade; conteúdo da unidade, podendo haver também páginas (ou um livro à parte) com exercícios de fixação e um resumo do conteúdo linguístico explorado naquela unidade; material de multimídia, como CD, DVD e/ou áudios e vídeos em MP3 referentes aos temas que aparecem no material. O livro didático pode ter ainda um apêndice gramatical e de pronúncia, com explicações complementares caso os alunos se interessem em saber mais. Consideramos também que deve compor o conjunto o livro do professor, com sugestões de aplicação e com as respostas dos exercícios e de algumas atividades.

Do ponto de vista organizacional, uma unidade temática/didática deve ter: apresentação dos objetivos da unidade, socioculturais e linguísticos; conteúdos da própria unidade (vamos explorar a produção desses conteúdos no Capítulo 6); CDs ou arquivos em MP3 com os vídeos e áudios usados na unidade; sugestões de aplicação do material e, quando necessário ou de interesse, caderno de exercícios e explicações de tópicos gramaticais.

Destacamos nos dois contextos apresentados (livro didático e unidades temáticas/didáticas) a importância da presença de sugestões de aplicação da proposta. Essa é uma prática que favorece muito a aplicação do material por outras pessoas e talvez seja favorável mesmo para quem o produziu, pois isso permite que se percebam eventuais carências ou deficiências. Quando o professor aplica o material que ele mesmo produziu, parece haver maior familiaridade com a proposta, e isso poderá conferir maior segurança e versatilidade para o desenvolvimento de conteúdos. Por essa razão, o material didático deve ser acompanhado de um texto descritivo feito pelo autor em que ele exponha suas intenções e objetivos, para que outra pessoa consiga aproveitar ao máximo a proposta.

Nesse sentido, cabe destacar aqui outro tema para estudo, que seria uma análise da aplicação de materiais didáticos por seus elaboradores e por outros professores.

Gostaríamos de concluir este tópico sugerindo que o devido cuidado deve ser dado à elaboração estética dos materiais didáticos; muitas vezes uma ótima ideia pode ser desvalorizada por ser apresentada de modo pouco atraente. Existem alguns programas que favorecem uma boa apresentação, como o InDesign*. Você pode aprender a usá-lo através de aulas explicativas ou tutoriais disponíveis na internet.

Por fim, temos o segundo questionamento que pode nos ajudar em nossa análise:

> 2. O material é organizado e é composto por várias etapas e partes necessárias para sua boa aplicação?

5.3.2 Análise dos referenciais teórico-metodológicos que permeiam a obra

Logo no início de todos os livros didáticos, há informações que geralmente são escritas pelos autores e se referem ao direcionamento teórico-metodológico usado como base para a concepção e

---

* InDesign é um programa de computador do grupo Adobe utilizado para a produção de trabalhos gráficos. Sua linguagem é relativamente diferente de programas como o Word.

a produção do material. Essas informações nem sempre são condizentes com o que se vê de fato no decorrer das atividades que compõem o livro. De modo geral, os manuais de ensino de línguas se apresentam como comunicativos. Como podemos ver no livro *Metodologia de ensino de língua portuguesa como língua estrangeira*, publicado pela Editora InterSaberes em 2019, a abordagem comunicativa é bastante abrangente e, de certo modo, se a proposta envolve a prática comunicava, então estará de acordo com essa abordagem; porém, temos de observar princípios teóricos específicos dessa linha de estudos. É muito comum encontrarmos livros que se dizem comunicativos, mas que se concentram apenas em propor a prática de diálogos e a fixação de estruturas gramaticais. Há também muitos manuais que misturam os conteúdos gramaticais com atividades de leitura, conversação e produção de texto. Observe que mencionamos primeiramente os conteúdos gramaticais porque está clara a centralidade desses tópicos, isto é, a partir deles, são desenvolvidos todos os outros. No Capítulo 4, já nos referimos ao conceito de recursos linguísticos, usados para produzir textos orais ou escritos. Seguindo essa linha, então, a organização da proposta não começa obrigatoriamente por um item gramatical (por exemplo, o uso do tempo verbal pretérito perfeito do modo indicativo).

    De todos os itens a serem analisados, provavelmente esse é o mais difícil, pois perceber qual é a perspectiva teórica de algum material é algo complexo, e isso se dissolve no decorrer das propostas. Essa dificuldade está ligada à conexão entre teoria e prática e às intenções dos autores e também dos editores.

Vamos analisar algumas apresentações de livros didáticos publicados. O livro *Viva! Língua portuguesa para estrangeiros* (Romanichen, 2010) contempla três perspectivas bastante conhecidas e valorizadas nos estudos sobre metodologia de ensino: prática de quatro habilidades (leitura, escrita, conversação e compreensão auditiva), que está fortemente ligada à abordagem comunicativa; presença de textos autênticos, outra prática também muito requerida (exploramos esse assunto no Capítulo 3 deste livro); e interculturalidade (assunto que abordamos no Capítulo 2). Vemos, então, que o livro mencionado se diz um material que explora abordagens atuais e prestigiadas em estudos sobre o ensino de línguas; assim, a questão na sequência seria verificar se de fato isso se configura no decorrer da obra. Talvez apenas com a utilização durante as aulas será possível perceber se o livro realmente consegue dar conta do que propõe. No entanto, de modo geral, é necessário observar as atividades presentes no manual, o modo como os textos são explorados, se contêm questões que incentivam a perceber o mundo e a si mesmo, como são elaboradas as tarefas de produção de textos, como são apresentadas as questões para discussão e análise, entre outros aspectos. Isso tudo dará indícios sobre o direcionamento que o material segue. Podemos dar atenção especial aos enunciados e aos comandos escritos que indicam o que os alunos devem fazer, observar se são mais diretos, pontuais, se se atêm apenas às informações óbvias no texto ou se conseguem envolver os alunos de modo a fazê-los refletir e dar espaço para que muitas visões e opiniões possam ser apresentadas.

Outro item que nos ajuda muito a perceber qual é a perspectiva teórica do livro ou da atividade é o modo como os tópicos linguísticos são explorados. Nesses casos, devemos observar se esses itens estão integrados ao restante do conteúdo ou não e como estão integrados, se as explicações (caso haja) valorizam ou não a funcionalidade da língua e sua aplicação no contexto de comunicação.

Vamos agora considerar outro livro didático para o ensino-aprendizagem de PLE/PL2. Trata da obra Gramática 1 (Coimbra; Coimbra, 2012). Podemos notar que esse livro se destina a ser um material extra, que deve ser usado para ajudar a entender e a praticar certos conteúdos linguísticos e gramaticais. Lendo o texto de apresentação, tudo indica que se trata de uma obra destinada à prática de estruturas da língua.

Vejamos, por fim, as perguntas que podem nos ajudar a analisar a perspectiva teórica em materiais didáticos:

> 3. As informações e o posicionamento teórico apresentados no início do livro (ou na capa) de fato se configuram nas atividades?
> 4. A linha teórica adotada direciona-se adequadamente às necessidades e aos interesses dos alunos com os quais trabalhamos?
> 5. Como o material apresenta e explora os recursos linguísticos e/ou gramaticais?
> 6. Como os textos são explorados? Existem atividades de pré-leitura (preparação para a leitura) e de pós-leitura (questões que retomam os sentidos e as informações presentes nos textos)?
> 7. Como são explorados os conteúdos relacionados à cultura e à interculturalidade?

Ainda neste capítulo, vamos discorrer sobre questões discursivas que estão presentes nos materiais didáticos e, em razão da importância desse tema, destinaremos um espaço especial a ele, como uma complementação ao conteúdo desta subseção.

5.3.3 Análise das propostas de desenvolvimento de atividades diversas: sua progressão, criatividade e relevância

Aqui vamos analisar algumas questões que podem parecer menos úteis, mas são de grande importância e, igualmente, não são fáceis de serem observadas, pois permeiam o conteúdo e só podem ser percebidas em suas sutilezas.

Quando falamos em desenvolvimento de atividades diversas, estamos nos referindo à habilidade de compor as atividades, de fazer perguntas instigantes e criativas e, sobretudo, à atenção à progressão dos conteúdos. Em alguma medida, já exploramos neste livro questões que dizem respeito a esses tópicos, mas queremos salientar nossa preocupação com a progressão. Sabemos que a aprendizagem tem grande dependência do conhecimento adquirido ou daquilo que os alunos já conhecem, para então se lançarem ao que é novo ou ainda não conhecido. Mesmo os alunos tendem a achar que a aula teve importância ou sentido quando aprenderam algo novo. Essa dinâmica vai conduzindo todo o processo de aprendizagem e muitas vezes é necessário até mostrar que não é o novo que precisamos praticar, mas novas formas de dizer, de usar e de entender certos tópicos da língua que já foram estudados. Mas, voltando à questão da progressão, do início ao fim do material produzido, é necessário que tenhamos claro um percurso a ser desenvolvido. Em uma perspectiva de ensino baseada em gêneros textuais/discursivos, é provável que seja pouco produtivo pedir logo nas primeiras aulas de um curso que os alunos produzam textos mais complexos, como em geral são os textos argumentativos. É preciso que, no decorrer do trabalho, eles tenham contato com a leitura e análise desse tipo de texto, em diferentes oportunidades, para então poderem produzi-los.

Durante um curso e mesmo ao longo de um livro didático, é importante encontrar gêneros de texto/discurso diversos, os quais precisam estar conectados com os conteúdos linguísticos para que se possa produzi-los. Veja que essa concatenação não é simples, por isso é bastante útil que se faça um planejamento prévio para poder distribuir os principais gêneros, mesmo que durante os cursos haja ajustes ou alterações.

Além dos itens que mencionamos, existem outros que orbitam o processo de ensino-aprendizagem, como é o caso da variação linguística, da prática de pronúncia e de entonação e das questões culturais e interculturais. Tudo deve ter espaço nos materiais didáticos, e sua distribuição exige certo cuidado e habilidade.

Vamos então aos questionamentos que facilitarão a análise:

8. As propostas são criativas e interessantes?
9. Os conteúdos são diversificados e integrados de forma harmônica e há preocupação com a sua progressão?

cincopontoquatro
Os discursos presentes ou disfarçados nos materiais didáticos

Reservamos um espaço especial para tratar da questão dos discursos diversos que se manifestam implícita ou explicitamente no decorrer das atividades. Podemos perceber essas nuances discursivas nas opções de textos, de vocabulário, de enunciados (comandos), de exercícios e de atividades. Tais características estão carregadas de valores e (pré)conceitos que norteiam, mesmo que sutilmente, as discussões e os conceitos desenvolvidos nas aulas.

Não estamos nos referindo a perspectivas teóricas, como vimos anteriormente, mas a visões de mundo que estão ligadas a conceitos mais ou menos conservadores, mais ou menos liberais, mais ou menos alternativos ou até mesmo sexistas ou alienantes.

De alguma maneira, os materiais didáticos são permeados por alguma tendência, o que é absolutamente normal, porém a questão é se estamos cientes do que estamos reproduzindo por meio dos textos que lemos e de tantas outras atividades que fazemos com a ajuda de um livro didático ou de qualquer outro material. Conforme explica Jordão (2001, p. 59-60), na sala de aula – e talvez em outros espaços de ensino, mesmo que sejam aulas individuais –, "conflitos e relações de poder são produzidos, mantidos, testados; limites são checados, significados são criados e recriados". Se considerarmos os espaços de ensino de PLE/PL2, conflitos bem mais significativos podem surgir, pois temos pessoas de lugares muito diferentes que nos surpreendem com posicionamentos diversos.

Então, a pergunta que precisamos fazer em se tratando de análise de materiais didáticos nesse sentido é: O que fazer para identificar os discursos que estão engendrados no(s) material(is) que utilizamos? Um caminho provavelmente seria conhecer diferentes tipos de discursos e então treinar nosso olhar para identificar, quando possível, sua tendência. Para isso, vamos citar um trabalho muito interessante realizado por Pereira (2013), sobre a representação de gênero em livros didáticos de língua estrangeira. Esse estudo tem como base teórica a análise crítica do discurso (ACD), de acordo com a proposta de Fairclough e Wodak (1997) e de Fairclough (1992, 1995, 1997, 2001, 2003).

Na pesquisa de Pereira (2013), foram analisados textos presentes em seis coleções de livros didáticos de ensino de língua inglesa adotadas em escolas brasileiras de ensino fundamental. A classificação dos discursos encontrados nos textos analisados é a seguinte:

1. *Gendrado/sexista*
2. *Conservador*
3. *De resistência/contradiscurso*
4. *"Politicamente correto"* [aspas do autor]
5. *Alienante*
6. *Alternativo/marginal*
7. *Denunciador/conscientizador*
8. *Politicamente preconceituoso*
9. *Socialmente preconceituoso* (Pereira, 2013, p. 126)

É bastante proveitosa a leitura da explicação fornecida pelo autor para cada um dos discursos identificados. Queremos deixar essa classificação como sugestão, uma vez que expor toda a explicação excederia o espaço que temos nesta seção.

Cabe destacar ainda algumas questões. É possível que um texto conservador seja usado justamente para suscitar uma discussão em torno de ideias conservadoras e como isso poderia ser repensado ou mesmo para gerar análises e discussões sob diferentes pontos de vistas. A classificação discursiva de um livro didático como um todo pode não ser a mesma da maioria dos textos presentes no manual, por isso é necessário observar com mais cuidado, principalmente, as propostas de produção textual/discursiva, as atividades de discussão e análise, além de outros elementos. Podemos encontrar materiais que são inovadores e críticos, mas com uma "roupagem" um tanto conservadora e, ao contrário, podemos ter um material conservador, mas com uma "roupagem" moderna e inovadora.

Levantamos algumas questões sobre a análise dos discursos presentes em materiais didáticos, no entanto estamos cientes de que o assunto merece muito mais atenção e reflexões. Essa é mais uma sugestão de estudo a ser realizado com relação aos livros e às atividades de PLE/PL2 e, principalmente, à análise crítica desses materiais. Quanto à perspectiva crítica, entendemos que os sujeitos críticos "são capazes de examinar os pressupostos e as implicações das diferentes formas de pensar e agir" (Jordão, 2007, p. 22).

Para ampliar os conhecimentos sobre a constituição de sujeitos críticos, sugerimos a leitura de Pennycook (2001), Moita Lopes (2006) e Rajagopalan (2003). Alastair Pennycook é um dos autores de grande destaque nos estudos críticos da linguagem. No início dos anos 2000, ele propôs reflexões sobre identidade, subjetividade, discurso, ideologia e poder.

Concluímos esta parte de nosso estudo citando importantes trabalhos de análise de livros didáticos de PLE/PL2 publicados e que não são necessariamente sobre questões relacionadas aos discursos. São eles:

+ *Análise de abordagem de material didático para ensino de línguas (PLE/PL2)*, de Verónica Andrea González, 2015;
+ *Português língua estrangeira: uma análise do livro didático*, de Kaline Araújo Mendes, 2006;
+ *Português para estrangeiros e os materiais didáticos: um olhar discursivo*, de Denise Gomes Leal da Cruz Pacheco, 2006.

Síntese

Neste capítulo, apresentamos alguns critérios para análise de materiais didáticos para o ensino de PLE/PL2. Vimos que esses critérios não são muito diferentes dos usados no processo de análise de materiais de outras línguas. Para isso, propusemos nove perguntas que podem nos ajudar a levantar questões e observar itens essenciais. Essas questões estão distribuídas em três áreas: análise de fatores estéticos, composicionais, organizacionais e sobre o formato dos materiais didáticos; análise dos referenciais teórico-metodológicos que permeiam a obra; e análise das propostas de desenvolvimento de atividades diversas: sua progressão, criatividade e relevância.

Concluímos o trabalho com reflexões a respeito da percepção dos discursos que permeiam os materiais que desenvolvemos e os que já foram publicados. Na verdade, apenas levantamos alguns pontos a serem observados no momento de escolher ou elaborar tais materiais. Esperamos ter contribuído para a formação de uma visão mais apurada e crítica, da qual você possa se beneficiar ao analisar materiais didáticos. Certamente quando começamos a perceber criticamente nosso contexto, passamos a ser mais exigentes, e isso contribui para a qualidade de nosso trabalho. É certo também que isso trará mais inquietude, mas trata-se igualmente de parte do processo de ensino-aprendizagem.

Atividades de autoavaliação

1. Embora o ensino de PLE/PL2 seja realizado há muito tempo, apenas há algumas décadas houve o crescimento e a valorização dessa área. Ainda há grandes carências que precisam ser sanadas no que se refere à publicação de livros didáticos e à formação de professores.

    Sobre as iniciativas que contribuíram para o desenvolvimento da área de ensino de PLE/PL2, podemos citar:

    I. Criação do exame de proficiência Celpe-Bras e abertura de cursos de PLE/PL2 em algumas universidades brasileiras.
    II. Incentivos variados por parte dos ministérios federais para a elaboração de materiais didáticos e abertura de cursos de graduação.
    III. Criação da Sociedade Internacional de Português Língua Estrangeira (Siple).
    IV. Períodos econômicos favoráveis que atraíram o investimento de empresas estrangeiras no Brasil.

    Agora, assinale a alternativa que indica a(s) opção(ões) correta(s):
    a. Apenas II.
    b. Apenas IV.
    c. I, III e IV.
    d. I, II e IV.

2. É importante observarmos os critérios utilizados para analisar os materiais didáticos. Muitas vezes, valorizamos mais alguns critérios em detrimento de outros, por isso precisamos estar atentos e entender o que queremos e devemos analisar.

Assinale V para as alternativas que correspondem aos critérios de análise sugeridos no texto do capítulo e F para as que não correspondem:

( ) Análise de fatores estéticos.
( ) Análise dos referenciais teórico-metodológicos.
( ) Análise das propostas de desenvolvimento das atividades.
( ) Análise da progressão, da criatividade e da relevância das atividades.

Agora, assinale a alternativa que corresponde à sequência obtida:

a. F, V, V, V.
b. V, V, F, V.
c. V, V, V, V.
d. V, F, V, V.

3. Sempre haverá a influência de uma linha teórica ou mesmo de várias linhas misturadas nos materiais didáticos que produzimos. Existe a influência de nossas experiências, de nossos estudos e também das tendências que vigoram no momento em que elaboramos os materiais. Sobre a análise dos referenciais teórico-metodológicos, considere as afirmativas a seguir.

I. Os referenciais teórico-metodológicos, são facilmente verificados nos materiais analisados.

II. Os livros didáticos sempre são fiéis aos construtos teóricos indicados na introdução ou na capa.
III. Os materiais didáticos costumam utilizar diferentes tendências teóricas, podendo até mesmo misturar duas ou mais.
IV. Para a análise dos referenciais teórico-metodológicos, é necessário unicamente observar o período em que o material foi publicado.

Agora, assinale a alternativa que indica as afirmativas corretas:
a. Apenas I.
b. Apenas III.
c. I, II e IV.
d. II e IV.

4. É mais fácil observarmos a progressão das atividades e dos conteúdos nos livros didáticos do que nas unidades didáticas ou temáticas que elaboramos. Sobre a progressão dos conteúdos durante um curso ou em um livro didático, o que devemos observar?

Assinale V para as afirmativas verdadeiras e F para as falsas:
( ) Na perspectiva de ensino com base em gêneros textuais/discursivos, devemos observar a variedade de gêneros de textos apresentados.
( ) Para que os alunos possam produzir determinados textos, é necessário que já tenham tido referências desses textos através de leituras e análises anteriores.

(   ) Na produção de unidades temáticas/didáticas, devemos fazer um planejamento prévio de todos os conteúdos necessários durante o curso e pensar em alternativas para que haja progressão das propostas.

(   ) A prática de pronúncia e de entonação pode ser desvinculada da progressão e desenvolvimento dos materiais. Ela pode até mesmo não estar conectada com o que foi explorado na unidade.

Agora, assinale a alternativa que corresponde à sequência obtida:
a. V, F, F, F.
b. V, V, V, F.
c. V, V, V, V.
d. V, F, V, F.

5. Os materiais didáticos, assim como qualquer outro tipo de livro ou texto, apresentam também um ou mais posicionamentos discursivos. Estamos nos referindo às tendências conhecidas como mais conservadoras ou mais modernas. Essas tendências podem ter muitas características diferentes. Identifique a seguir possíveis nuances discursivas presentes ou disfarçadas em livros didáticos de modo geral. Observe que não estamos nos referindo a linhas teórico-metodológicas.

I. Discursos socialmente preconceituosos.
II. Discursos e posicionamentos conservadores.
III. Tendências discursivas conscientizadoras e críticas.
IV. Discursos neutros e de resistência e contradiscurso.

Agora, assinale a alternativa que indica as opções corretas:
a. I e II.
b. II, III e IV.
c. I, II e III.
d. III e IV.

Atividades de aprendizagem

Questões para reflexão

1. Leia a seguir as informações referentes a cada um dos materiais didáticos e indique para que público e nível de proficiência são apropriados:

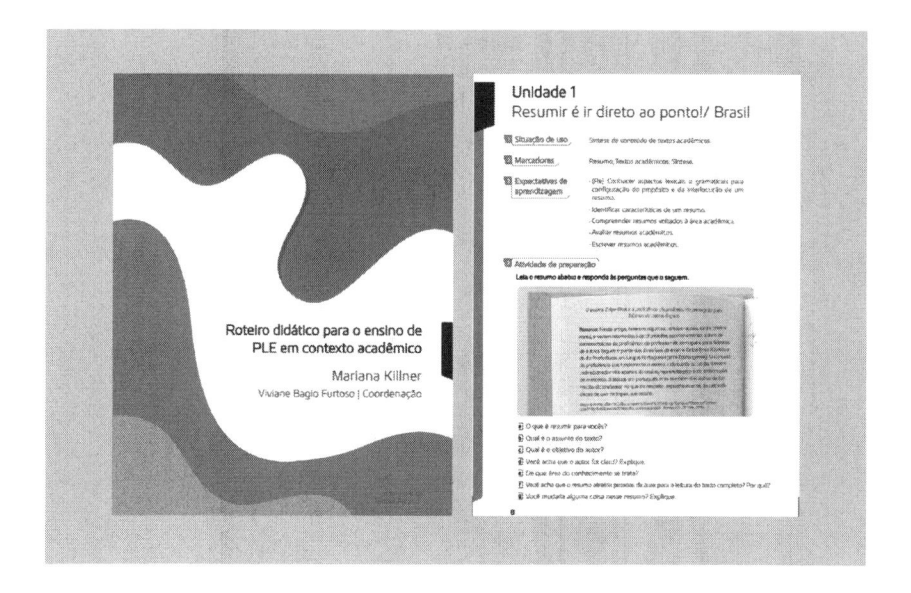

Apresentação

Caro(a) Professor(a),

Este Roteiro Didático, resultado da pesquisa desenvolvida no Programa de Mestrado Profissional em Letras Estrangeiras Modernas (MEPLEM), da Universidade Estadual de Londrina, é composto por um conjunto de quatro Unidades Didáticas e tem como objetivo oferecer ao professor de Português Língua Estrangeira uma proposta de material de ensino com foco em textos acadêmicos, bem como uma discussão que possa auxiliá-lo em sala de aula.

Traremos aqui a versão final das unidades, reformuladas após a pilotagem em sala de aula, essencial em nosso percurso, pensando na instrumentalização de alunos estrangeiros para agir em contexto acadêmico (dentro e fora da universidade), levando-os a compreender e a produzir textos orais e escritos por meio de práticas de linguagem integradas.

Assim, esperamos que ele seja de grande ajuda para o trabalho do professor e que ofereça sugestões de como conduzir as atividades. No entanto, sabemos que ninguém melhor que você, professor, e seus alunos para adequar o material aqui apresentado, considerando as especificidades do contexto de ensino e de aprendizagem no qual vocês estão inseridos.

Esperamos que esse material seja apenas um incentivo para que você reinicie um novo ciclo!

Bom trabalho

FONTE: Killner, 2016, p. 2.

Perfil de alunos =
Nível de proficiência =

Os livros da coleção *Viva! Língua portuguesa para estrangeiros* destinam-se aos estudantes, interessados em aprender o idioma português como mais uma língua moderna. Composto de atividades dinâmicas e variadas de leitura escrita, conversação e compreensão auditiva, pautadas em textos atuais e autênticos, os livros da coleção *Viva! Língua portuguesa para estrangeiros* oferecem interculturalidade e comunicação. A coleção é composta por quatro volumes, sendo: volume consumível para os alunos, volume para o professor e CD de áudio para textos, canções e vídeos, em cada volume, de acordo com o respectivo conteúdo programático. Agora você pode estudar e aprender a língua portuguesa numa abordagem comunicativa, funcional e prazerosa.

Perfil de alunos =
Nível de proficiência =

FONTE: ROMANICHEN, 2010.

2. Aponte duas características do aprendizado de PLE/PL2 por alunos falantes do espanhol (língua próxima) e por falantes de línguas asiáticas, como chinês, japonês e coreano.

Aprendizagem de PLE/PL2 por falantes do espanhol	Aprendizado de PLE/PL2 por falantes de línguas asiáticas
1. _____	1. _____
2. _____	2. _____

Atividades aplicadas: prática

1. Para realizar esta atividade, você deverá escolher um livro didático destinado ao ensino de PLE/PL2 ou uma unidade didática e fazer uma análise de acordo com os critérios presentes no roteiro a seguir. Se você não tiver nenhum desses materiais, poderá visitar alguma editora ou mesmo utilizar livros disponíveis na internet.

Roteiro de análise

1. A composição do material é esteticamente harmoniosa, atraente e agradável?
2. O material é organizado e composto por várias etapas e partes necessárias para uma boa aplicação?
3. As informações e o posicionamento teórico apresentados no início do livro (ou na capa) de fato se configuram nas atividades?

4. A linha teórica adotada direciona-se adequadamente às necessidades e aos interesses dos alunos com os quais trabalhamos?
5. Como o material apresenta e explora os recursos linguísticos e/ou gramaticais?
6. Como os textos são explorados? Existem atividades de pré-leitura (preparação para a leitura) e de pós-leitura (questões que retomam os sentidos e as informações presentes nos textos)?
7. Como são explorados os conteúdos relacionados à cultura e à interculturalidade?
8. As propostas são criativas e interessantes?
9. Os conteúdos são diversificados e integrados de forma harmônica e há preocupação com sua progressão?

{

um	Conceitos, definições e observações práticas sobre materiais didáticos
dois	Reflexões sobre abordagens de ensino de PLE/PL2
três	Exploração de gêneros textuais/discursivos nos materiais didáticos de PLE/PL2
quatro	Qual o espaço da gramática no ensino de PLE/PL2?
cinco	Critérios para análise de materiais didáticos para ensino de PLE/PL2
seis	**Elaboração de unidades temáticas para o ensino de PLE/PL2**

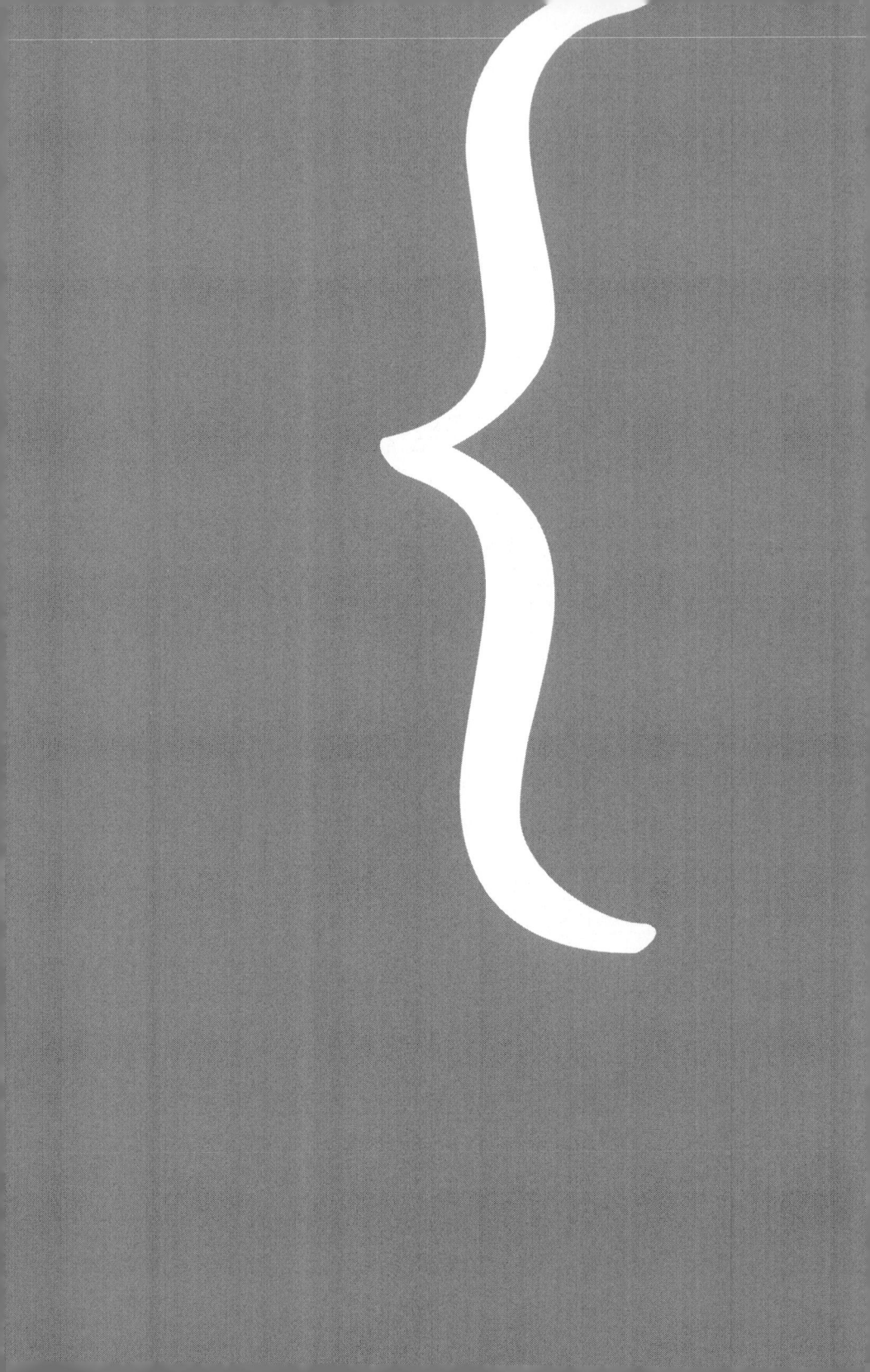

NESTE ÚLTIMO CAPÍTULO, vamos mostrar o desenvolvimento de uma unidade temática (UT). Você observou que optamos pela expressão *unidade temática*, diferentemente do que fizemos em outros capítulos deste livro, em que consideramos as duas opções: unidade temática e unidade didática. Passamos a utilizar *unidade temática* porque esse termo está ligado ao fato de organizarmos as propostas a partir da definição de um tema central, que será o fio condutor do material, enquanto *unidade didática* faz menção a uma sequência de atividades com intenção didática, mas que não necessariamente se desenvolve em torno de um tema.

Descreveremos todos os passos desde o planejamento para que você acompanhe e possa observar as etapas de confecção de uma unidade temática de acordo com o que entendemos ser apropriado para o ensino de PLE/PL2. Desse modo, faremos observações práticas e utilizaremos como base conceitos, reflexões e estudos já apresentados neste livro e também seguiremos como aporte teórico os critérios para elaboração de uma unidade temática expostos por Santos (2014). Esses critérios têm a influência do ensino de línguas por tarefas (ELT), descrito pela autora nesse mesmo trabalho, no qual também se observam conceitos relativos aos gêneros discursivos e à abordagem comunicativa intercultural.

Consideramos que a produção de materiais didáticos para o ensino de PLE/PL2 pode ter como influências várias abordagens em razão da diversidade das necessidades dos alunos. De acordo com Long (2011, citado por Ferreira, 2018, p. 920),

> *seria despropositada a oferta de um método único de ensino que fosse universal e abrangesse os diversos contextos e propósitos de aprendizagem das línguas. Cabe salientar, segundo Long (2011), que as pesquisas não advogam a favor de nenhum método e que a área de investigação sobre ensino e aprendizagem de línguas está em contínuo processo de desenvolvimento e que por isso é de responsabilidade dos professores selecionar abordagens e procedimentos teórico-metodológicos e justificar sua escolha em detrimento de outras, apoiando-se em pesquisas e no que o docente acredita ser mais eficiente de acordo com o resultado de sua prática.*

Ferreira (2018, p. 922) defende que propostas holísticas, ou seja, propostas com mais de uma influência teórica ou de abordagem, "oferecem um repertório linguístico rico e realista e, se forem elaboradas a partir de uma análise de necessidades comunicativas do aprendiz, serão ainda mais eficazes, uma vez que se considerará o uso futuro da língua".

Seguimos, então, com uma descrição de etapas de elaboração de uma unidade temática para o ensino de PLE/PL2.

seispontoum
Construindo uma unidade temática: planejamento

A fase inicial ou de planejamento pode ser considerada a mais conturbada, pois, como estamos no início do processo, ainda não temos muita clareza quanto às nossas opções. O ponto de partida pode ser muito variável; podemos ter encontrado um texto com uma temática interessante e apropriada para um grupo de alunos, os próprios alunos podem ter solicitado que se trabalhasse determinado tema ou até mesmo existe a necessidade de abordar um tema de acordo com o programa* de curso previamente definido. De qualquer modo, aqui vamos definir como assunto de nossa unidade temática o tema *férias*. Escolhemos esse tema por ser, a princípio, mais leve e universal. A distribuição dos temas durante as aulas deve observar seu grau de dificuldade e relevância. Queremos dizer com isso que os temas podem ser mais densos, isto é, mais pesados ou mesmo mais difíceis, ou mais leves ou não

---

* Mais orientações sobre a elaboração de um programa de curso podem ser encontradas no livro *Metodologia de ensino de língua portuguesa como língua estrangeira*, publicado pela Editora InterSaberes em 2019.

complexos. Provavelmente, intercalar temas mais densos e mais leves pode favorecer a dinâmica das aulas. Estamos considerando o tema *férias* mais leve, mas, dependendo do viés pelo qual o abordarmos, ele pode não ser tão simples. No entanto, entendemos que falar sobre férias pode ser bastante agradável.

Outra razão pela qual escolhemos esse tema é o fato de ser universal, isto é, entendemos que se trata de um tópico de fácil entendimento por parte de pessoas de diferentes lugares, salvo raríssimas exceções. Partir de uma questão universal faz com que os alunos se incluam facilmente nas discussões e, assim, provavelmente conseguiremos maior interlocução. Outros temas universais bastante explorados em materiais didáticos estão relacionados à alimentação, a viagens e turismo, à educação, ao trabalho, à tecnologia, à mobilidade, ao lazer e diversão, entre outros. Evidentemente cada um desses temas é como um guarda-chuva, pois abarca uma grande quantidade de assuntos* que podem ser desenvolvidos.

Prosseguindo no planejamento da unidade temática, vamos imaginar que temos um grupo de estudantes que não é iniciante, mas também não é intermediário. Estariam, para seguir o Quadro Europeu Comum de Referência para as Línguas** (QECR),

---

* Estamos considerando *tema* como um conjunto maior de informações; assim, por exemplo, o tema *alimentação* poderia ser desmembrado em vários assuntos ou subtemas, como: tipos de restaurantes, características das refeições, tipos de bebidas, modo de preparar os alimentos e de servi-los.

** O QECR é um guia com a descrição de diferentes níveis de proficiência, estabelecidos em A1, A2, B1, B2, C1, C2, sendo o A1 o nível de iniciante e o C2, o nível de proficiente ou avançado.

no nível A2. Em institutos de línguas no Brasil, esse nível, geralmente, é chamado de Básico 2, Básico 3 ou ainda Pré-Intermediário. Esse grupo imaginário de alunos seria composto por pessoas falantes da língua inglesa, alemã, chinesa, coreana, árabe, francesa e espanhola. O perfil desses estudantes seria de intercambistas universitários, migrantes (refugiados) e expatriados*. Como podemos perceber, o grupo é plurilinguístico. Além disso, certamente há interesses de aprendizagem em comum, mas também diferentes, pois alguns são estudantes, outros pretendem trabalhar e há ainda outros que já trabalham. De qualquer forma, sabemos que não podemos desconsiderar o perfil dos alunos ao longo de todo o percurso.

Com relação a isso, é importante retomarmos algumas reflexões que fizemos sobre o ensino específico para públicos específicos. Observe que o grupo descrito é bastante diversificado, e isso é um grande desafio para a preparação dos materiais didáticos. Vamos então iniciar com atividades mais fáceis e, ao longo da unidade, propor alguns textos e tarefas com maior grau de dificuldade, porém é necessário que dar atenção especial aos alunos com dificuldade quando os conteúdos mais difíceis estiverem sendo explorados.

Existem várias formas de avaliar as necessidades dos alunos; é possível, por exemplo, aplicar uma enquete por escrito ou mesmo conversar e fazer um levantamento dessas informações.

Depois dessa análise, vamos partir para outra fase do planejamento, que é a exploração dos assuntos a serem tratados, a

---

* Descrevemos esses perfis de estudantes no Capítulo 1.

qual pode ser chamada de *chuva de ideias*. Na Figura 6.1, apresentamos uma proposta/ideia.

FIGURA 6.1 – PLANEJAMENTO PRÉVIO DA UNIDADE TEMÁTICA

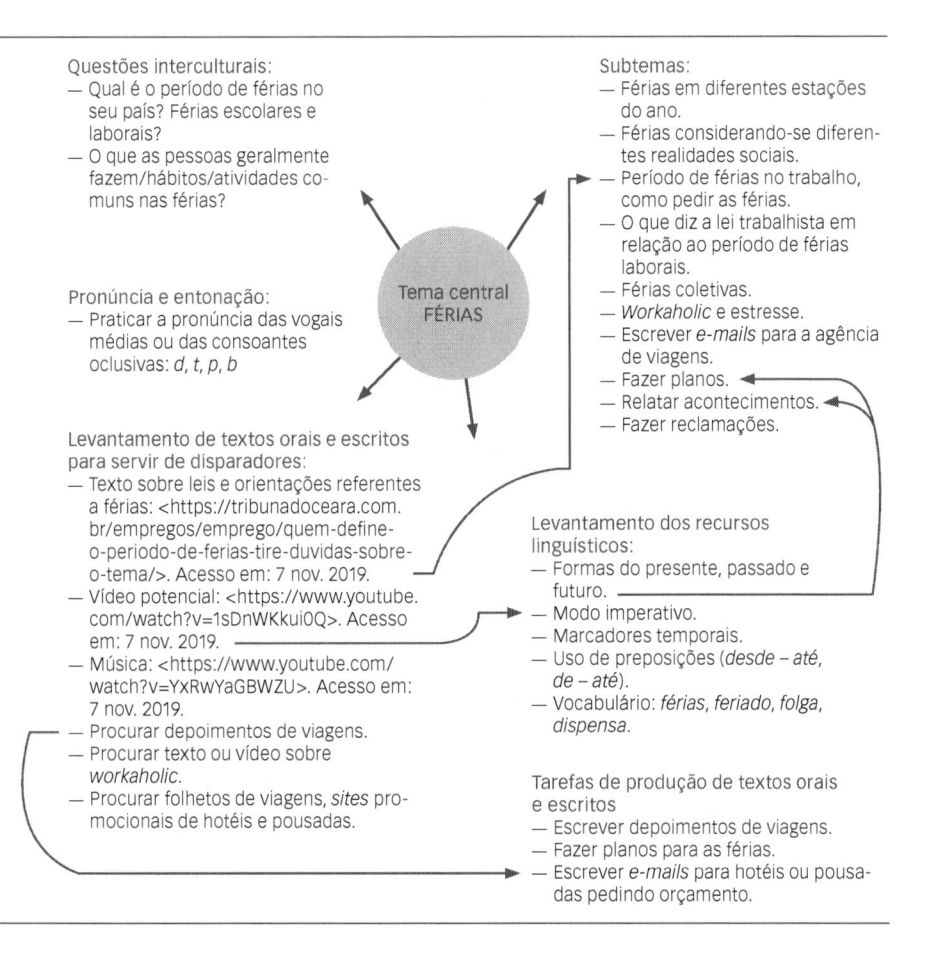

Questões interculturais:
— Qual é o período de férias no seu país? Férias escolares e laborais?
— O que as pessoas geralmente fazem/hábitos/atividades comuns nas férias?

Pronúncia e entonação:
— Praticar a pronúncia das vogais médias ou das consoantes oclusivas: *d, t, p, b*

Levantamento de textos orais e escritos para servir de disparadores:
— Texto sobre leis e orientações referentes a férias: <https://tribunadoceara.com.br/empregos/emprego/quem-define-o-periodo-de-ferias-tire-duvidas-sobre-o-tema/>. Acesso em: 7 nov. 2019.
— Vídeo potencial: <https://www.youtube.com/watch?v=1sDnWKkui0Q>. Acesso em: 7 nov. 2019.
— Música: <https://www.youtube.com/watch?v=YxRwYaGBWZU>. Acesso em: 7 nov. 2019.
— Procurar depoimentos de viagens.
— Procurar texto ou vídeo sobre *workaholic*.
— Procurar folhetos de viagens, *sites* promocionais de hotéis e pousadas.

Tema central
FÉRIAS

Subtemas:
— Férias em diferentes estações do ano.
— Férias considerando-se diferentes realidades sociais.
— Período de férias no trabalho, como pedir as férias.
— O que diz a lei trabalhista em relação ao período de férias laborais.
— Férias coletivas.
— *Workaholic* e estresse.
— Escrever *e-mails* para a agência de viagens.
— Fazer planos.
— Relatar acontecimentos.
— Fazer reclamações.

Levantamento dos recursos linguísticos:
— Formas do presente, passado e futuro.
— Modo imperativo.
— Marcadores temporais.
— Uso de preposições (*desde – até, de – até*).
— Vocabulário: *férias, feriado, folga, dispensa*.

Tarefas de produção de textos orais e escritos
— Escrever depoimentos de viagens.
— Fazer planos para as férias.
— Escrever *e-mails* para hotéis ou pousadas pedindo orçamento.

Vamos analisar brevemente a imagem. Por questão de espaço, tivemos de apresentar uma versão mais objetiva, já com a definição de algumas escolhas. Alguns textos orais e escritos estão definidos, enquanto outros só estão apontados como potenciais. Observe que estamos chamando os textos de *disparadores*, isso porque vão contribuir para desencadear discussões e atividades.

No topo do planejamento estão as questões interculturais e alguns subtemas. São opções que fizemos; e observe também que os recursos linguísticos e as tarefas de produção de textos estão ligados a outras opções feitas. O item sobre pronúncia e entonação parece estar apenas sinalizado, pois são indicadas algumas opções, considerando-se que no decorrer da elaboração da unidade será definido o que é mais apropriado. Tanto os textos quanto os subtemas levantados foram pensados de acordo com o perfil do grupo, que, conforme descrevemos anteriormente, inclui estudantes intercambistas e pessoas que pretendem trabalhar ou que já trabalham. Esse é o momento de tomar decisões, e nossas escolhas devem ser pautadas pela realidade de ensino e pelo programa de ensino que foi desenvolvido no início do curso.

seispontodois
Construindo uma unidade temática: confecção

A partir do levantamento feito, podemos construir o material didático. Primeiramente, definimos alguns objetivos, porém será uma definição prévia, porque no fim do processo podemos retornar e fazer ajustes, caso seja necessário. São várias etapas, e por isso vamos dividir esta seção em algumas subseções, de modo a explicar melhor os passos percorridos. Na Seção 6.3, mostraremos a unidade temática completa.

6.2.1 Primeira página: atividade de aproximação à temática

Anteriormente, sugerimos o trabalho com o tema *férias*, mas o ideal é pensarmos em uma ação comunicativa em torno do tema central. No caso do processo descrito aqui, foi apenas da metade da confecção da unidade temática em diante que surgiu a ideia do título "Férias dá papo". Esse nome pareceu interessante porque é mais descontraído, ideia associada ao uso da gíria *papo*. Além disso, é possível que alguns alunos não conheçam a expressão, e isso despertará a curiosidade e incentivará perguntas e explicações. O uso do verbo *dar* em *dá papo* também é diferente de seu uso mais frequente, com sentido de "dar algo a alguém", semelhante a "entregar" ou "distribuir". Na expressão *dá papo*, o verbo *dar* tem sentido de "provocar", "proporcionar", "gerar".

Estamos imaginando que essa é a terceira unidade temática trabalhada no curso. Na primeira atividade (ver Figura 6.4), vemos algumas fotos que facilmente podemos associar a férias ou passeios. Algumas perguntas (1, 2 e 3) são apresentadas e têm por objetivo instigar a discussão. Uma das atividades dessa primeira página é a associação de algumas palavras às imagens ou ao que as pessoas parecem expressar. Acredita-se que, com isso, os alunos possam adquirir vocabulário e também ser estimulados a discutir o tema.

Uma orientação para os professores que aplicarão essa unidade temática refere-se à necessidade de levantar a questão de que nas férias é possível não termos só situações aparentemente divertidas e relaxantes. Essa situação pode ser abordada na aula. Também se pode mencionar que as férias podem ser apenas um período em que as pessoas ficam em casa.

6.2.2 Segunda página: desenvolvimento do tema escolhido

Na segunda página, a opção foi iniciar com questões para conversação e para troca de informações interculturais e de experiências vividas. As perguntas elaboradas são as seguintes (ver Figura 6.5):

> Questões para conversação
> 1. O que você normalmente faz nas férias?
> 2. Qual é a diferença entre férias e feriado?
> 3. Qual é o período de férias escolares no seu país?
> 4. Na sua infância, como eram as férias de verão? O que você e sua família faziam?

5. No seu país, é comum tirar férias no período de inverno? O que as pessoas fazem? Para onde vão?
6. Se você trabalha, como é feita a escolha do período de férias?
7. Você costuma tirar 30 dias de férias ou parcela durante o ano em períodos de 20, 15 ou 10 dias?
8. Quais são os períodos de férias mais frequentes no Brasil?
9. O que você normalmente faz nas férias?
10. O que você não gostaria de fazer no período de férias?

Você pode observar que as primeiras perguntas são aparentemente mais fáceis. A questão 4 exige mais dos alunos, pois é necessário fazer uma breve narrativa, contando vivências e experiências passadas. Ter de usar o tempo verbal pretérito imperfeito é geralmente mais difícil. Entender os usos do pretérito perfeito e do pretérito imperfeito é bastante difícil para alunos falantes de línguas não neolatinas, por isso é importante que esse tópico apareça em vários momentos, aproventando-se oportunidades que sejam significativas. Não é necessário que esse tempo verbal seja usado corretamente, mas é uma oportunidade para que os alunos sejam sensibilizados para esse uso. Na sequência, aparecem algumas perguntas que seriam mais apropriadas para os alunos que estão no mercado de trabalho, mas, de qualquer forma, são conhecimentos ou informações que podem ser de interesse de qualquer pessoa.

A atividade seguinte, "Conhecendo experiências", é uma prática de compreensão oral e de produção de texto. Vamos mostrar dois momentos de elaboração dessa atividade, a primeira e a segunda versões.

FIGURA 6.2 – PRIMEIRA VERSÃO DA SEGUNDA PÁGINA DA UT "FÉRIAS DÁ PAPO"

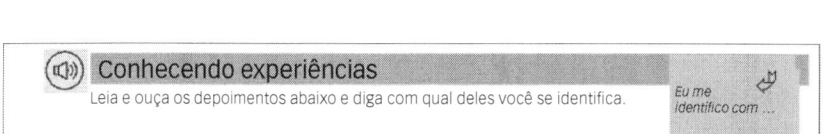

Conhecendo experiências
Leia e ouça os depoimentos abaixo e diga com qual deles você se identifica.
Eu me identifico com ...

Depoimento 1
Meu nome é Felipe, eu tenho 11 anos e amo as férias. Gosto de ir pra praia e me divertir em parques.

Depoimento 2
Meu nome é Paulo, tenho 35 anos, trabalho em uma indústria. Nas férias, sempre fico uma semana na praia e o que mais gosto de fazer é pescar. Às vezes também pesco em rios.

Depoimento 3
Meu nome é Janete, tenho 25 anos, sou professora. Eu gosto muito de viajar e passear, mas também gosto de aproveitar as férias para organizar a minha casa, fazer faxina e também algumas pinturas.

Figura 6.3 – Segunda versão da segunda página da UT "Férias dá papo"

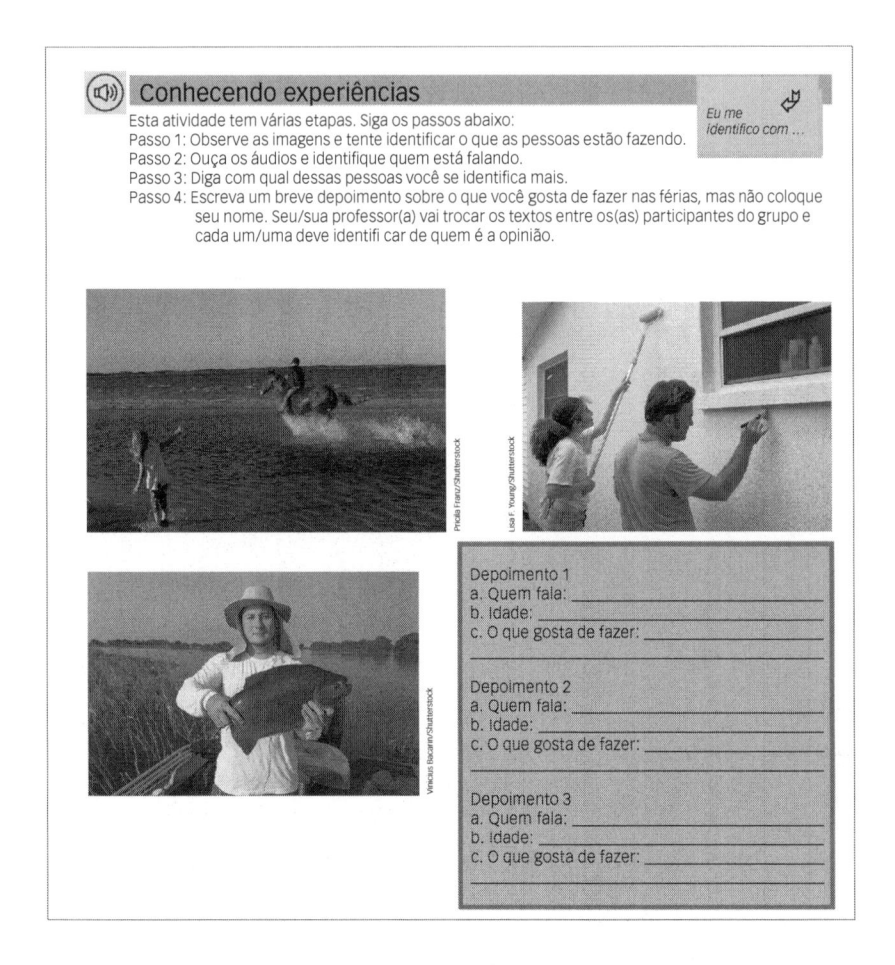

> **Conhecendo experiências**
>
> Esta atividade tem várias etapas. Siga os passos abaixo:
> Passo 1: Observe as imagens e tente identificar o que as pessoas estão fazendo.
> Passo 2: Ouça os áudios e identifique quem está falando.
> Passo 3: Diga com qual dessas pessoas você se identifica mais.
> Passo 4: Escreva um breve depoimento sobre o que você gosta de fazer nas férias, mas não coloque seu nome. Seu/sua professor(a) vai trocar os textos entre os(as) participantes do grupo e cada um/uma deve identificar de quem é a opinião.
>
> Eu me identifico com ...
>
> Depoimento 1
> a. Quem fala: _____
> b. Idade: _____
> c. O que gosta de fazer: _____
>
> Depoimento 2
> a. Quem fala: _____
> b. Idade: _____
> c. O que gosta de fazer: _____
>
> Depoimento 3
> a. Quem fala: _____
> b. Idade: _____
> c. O que gosta de fazer: _____

A maior diferença entre as duas versões está no enunciado. A mudança ocorreu porque a primeira proposta pareceu ser pouco instigante. O enunciado diz "Leia e ouça os depoimentos abaixo e diga com qual deles você se identifica". Analisando melhor a atividade, parece que o objetivo é que os alunos leiam e digam com quem se identificam ou mesmo se não se identificam com nenhum deles. É uma proposta que estimula a interlocução, pois os estudantes precisam se posicionar, dizer algo, e isso favorece muito a produção de textos. No entanto, a atividade de compreensão de áudio não estava bem conectada, parecendo ser até mesmo desnecessária. Foi então que pensamos em algumas mudanças para criar maior engajamento. Observe que, na segunda versão, os depoimentos foram retirados e precisam ser ouvidos para se identificar quem está falando. Antes de ouvir, deve-se tentar imaginar o que as pessoas mostradas estão fazendo. A mudança principal entre uma versão e outra é que foi introduzido o elemento curiosidade ou descoberta, além de se propor que escrevam um texto com os depoimentos.

Você pode observar que os textos que fazem parte dessa atividade não são autênticos, não foram publicados por uma mídia – jornal, revista, *blogs* etc. A opção feita nessa página é uma sugestão de construção de atividade que gostaríamos de dar aos professores de PLE/PL2. Essa ideia envolve a gravação de áudios com brasileiros de diferentes idades, interesses, gêneros, classes sociais, pois assim teremos participantes "reais" para compor o material didático. As pessoas são convidadas a responder algumas perguntas ou mesmo a gravar um áudio com um breve depoimento. Nesse caso, foram também solicitadas algumas fotos para utilizar no material. De qualquer forma, quem elabora a proposta faz suas escolhas; no caso, optamos por escolher brasileiros de diferentes idades e que costumam realizar diversas atividades.

Observe que, nos livros didáticos em geral, os áudios são gravados por atores, que são pessoas contratadas para ler e interpretar os diálogos ou outros textos, embora esses mesmos livros contenham apenas textos escritos autênticos. O que estamos sugerindo é que, ao elaborar suas unidades temáticas, você grave áudios com brasileiros, pois assim estará expondo seus alunos a situações de compreensão reais e histórias em que se compartilham experiências de vida.

Você pode ver também que em um quadrinho em destaque – no canto superior direito – está uma frase para auxiliar os estudantes. Sabemos que essa estrutura com o uso do pronome *me* oferece dificuldade para alunos de línguas distantes (não neolatinas), por isso está em destaque, para reforçar seu uso. Durante o desenvolvimento da unidade temática, é importante estar atento a algumas dificuldades mais comuns e criar pequenos lembretes.

6.2.3 Terceira e quarta páginas: trabalhando com textos

Como já havíamos explorado bastante a oralidade, na terceira página (ver Figura 6.6) introduzimos um texto escrito, embora também haja a opção de ouvir parte do texto. Podemos observar que a escrita apresentada é bastante dialógica, com frases como "Não é mesmo?" e também com o uso do pronome *você* para se aproximar do leitor. Além disso, o texto se refere a estudantes e trabalhadores, o que é bem interessante para o perfil do grupo. Se você der uma olhada no primeiro planejamento que fizemos, esse texto não está lá, porque foi encontrado depois e nos pareceu apropriado, até mesmo porque já tínhamos muitos textos orais.

Perceba que o texto não está completo, então os alunos terão de ler o restante no *site/blog*. Poderão também primeiro ouvir o conteúdo para depois ler o texto. Elaboramos, na sequência, algumas perguntas para retomar e explorar o texto. Veja que a primeira questão solicita que identifiquem o objetivo do texto; isso tem claramente a intenção de instigar o entendimento dos conceitos gerais do texto, e não apenas do entendimento de cada uma das frases, como muitos estudantes costumam fazer. Dessa forma, valorizamos a compreensão geral.

A quarta página (ver Figura 6.7) apresenta uma tarefa de produção de texto. Está ligada ao tema da página anterior, que lhe dá suporte – uma espécie de preparação para a produção de texto. Usamos também essa oportunidade para explorar expressões formais e informais. Estamos cientes de que esse é um tópico que resulta em discussões um tanto complexas, mas que são absolutamente necessárias. Para a confecção do texto, fornecemos algumas perguntas que auxiliam na percepção do que os alunos devem fazer.

Entendemos que até a quarta página há um bom conjunto de atividades e existem, ainda, sugestões de pesquisa que podem ampliar os estudos. São propostas para duas ou três horas-aula. A partir da página seguinte, iniciamos então uma segunda etapa da unidade temática.

6.2.4 Quinta e sexta páginas: dando continuidade

A quinta página (ver Figura 6.8) inicia com uma música, que, em geral, é uma atividade mais agradável e sempre solicitada pelos alunos. Veja que não reproduzimos a letra da música, pois os alunos terão de ouvi-la e identificar algumas palavras que aparecerem. A letra dessa música é bastante fácil e curta, então optamos por uma atividade de compreensão um pouco mais difícil. Embora tenhamos nesse grupo estudantes hispanófonos que entendem a música com mais facilidade, não podemos esquecer que são alunos não intermediários e que precisam de mais tempo para a compreensão. A música explorada já está no plano feito inicialmente e apresenta um elemento muito desejado nos textos (orais e escritos) usados para o ensino, que é o humor. Além disso, é um ritmo bastante jovem e moderno, o que pode ser bastante atraente para os estudantes.

Seguimos com um exercício de pronúncia: optamos pelas vogais médias [e], [ɛ], como já havia sido sugerido no planejamento inicial, e aproveitamos a palavra-chave da unidade, que é *férias*, aproveitando a oportunidade para explorar o tópico. As outras palavras escolhidas aparecem nos textos em geral da unidade, com exceção apenas de algumas, que são de interesse para o exercício.

A página termina com uma atividade de preparação para a leitura do texto que vem em seguida. O texto da sexta página (ver Figura 6.9) é bastante longo e destina-se aos estudantes que já trabalham, mas pode ser de interesse também de outros integrantes do grupo, considerando-se que todos um dia vão trabalhar ou desempenhar alguma atividade laboral. Observe que se trata de um texto autêntico, em que aparecem várias estruturas verbais, o que certamente é difícil para alguns. Nesse caso, já que estamos pensando em um grupo tão heterogêneo, podemos propor atividades diferentes; por exemplo, enquanto alguns fazem a leitura não detalhada para compreender os objetivos gerais do texto, outros devem ler e produzir um resumo com os tópicos principais. Essa é a típica proposta que pode ser ajustada conforme o perfil dos estudantes. Para quem é de línguas distantes, podemos solicitar que identifiquem dez palavras novas e que criem um conceito ou explicação para elas, entre outras propostas.

Poderíamos ainda elaborar perguntas de compreensão desse texto, pois essa é uma carência da unidade temática, mesmo que sejam questões pontuais de compreensão e de aproveitamento de estruturas ou recursos linguísticos.

6.2.5 Sétima página: concluindo a unidade temática

Na última página está a tarefa final da unidade temática (ver Figura 6.10). Note que o texto a ser produzido é muito semelhante ao que foi pedido na tarefa anterior – um *e-mail*. Agora entendemos que os alunos terão maior antonomia, uma vez que já receberam orientações anteriormente. Este último texto também deve ser formal, talvez mais formal do que o *e-mail* anterior, por essa razão exploramos as formas de tratamento na quarta página. Seguimos com duas atividades, com o objetivo de exercitar o uso de preposições e do tempo verbal pretérito imperfeito do modo indicativo. Optamos, no primeiro caso, por criar alguns diálogos em que é necessário o preenchimento com determinadas preposições. Esse é o tipo de exercício que é considerado estrutural, no entanto é possível utilizá-lo para ajudar a perceber o uso dessas estruturas. Muitas vezes, alguns exemplos podem ser muito favoráveis ao aprendizado.

O segundo exercício recupera uma pergunta que havia sido feita no início da unidade temática. Agora se faz uma reflexão sobre sua construção. De todos os tempos verbais, é possível que o pretérito perfeito e o imperfeito sejam os mais complexos para a compreensão e o uso por parte dos alunos estrangeiros. Pedimos que seja analisada sua aplicação para depois praticar a conjugação. Esse tipo de exercício também faz parte do chamado *ensino explícito*, que vimos em capítulos anteriores neste livro. Acreditamos ser ainda necessário haver mais uma ou duas páginas de exercícios e reflexões sobre os recursos linguísticos explorados na unidade temática. Esses exercícios não precisam necessariamente ser feitos em sala de aula, isto é, podem ser feitos em casa e corrigidos e analisados na aula seguinte.

Concluímos, então, a unidade didática que nos propusemos a criar para servir de ponto de análise e também com o intuito de aplicar alguns conceitos que descrevemos sob o ponto de vista teórico nos capítulos anteriores.

Sugerimos que você igualmente procure elaborar atividades e mesmo unidades temáticas, pois essa prática é muito proveitosa para o entendimento do planejamento das aulas de língua estrangeira.

Se voltarmos à Figura 6.1 (Planejamento prévio da unidade temática), veremos que alguns dos itens não foram contemplados na proposta. Naquele momento, levantamos um bom número de assuntos, mas que não necessariamente precisavam estar presentes na unidade; de modo geral, cumprimos os principais objetivos e, a princípio, isso parece suficiente. Certamente teremos de aplicar a unidade com um grupo que apresente o mesmo perfil que foi imaginado neste estudo e, assim, poderemos avaliar melhor a relevância do que foi proposto.

seispontotrês
Exemplo de unidade temática para o ensino de PLE/PL2

A unidade temática que apresentaremos a seguir foi elaborada para servir de base de análise e também de exemplo ou sugestão de desenvolvimento de materiais didáticos. Estamos cientes de que o ideal seria que mais exercícios e atividades de reflexão linguística fizessem parte dessa unidade, assim como há a necessidade de aplicá-la e reavaliá-la.

Figura 6.4 – Primeira página da UT "Férias dá papo"

Férias dá papo!

Objetivos da unidade:
- Relatar experiências vividas
- Escrever depoimento sobre o que gosta de fazer nas férias
- Fazer planos
- Escrever e-mail formal
- Praticar a pronúncia de vogais médias
- Ler sobre as regras de solicitação de férias em empresas
- Praticar o uso de preposições (desde e até)
- Refletir e praticar sobre o uso do tempo verbal pretérito imperfeito do modo indicativos

3

Observe as imagens abaixo e converse com os(as) colegas e professor(a) sobre:
1. Que lugares são esses?
2. Que atividades as pessoas estão fazendo?
3. Que sensações podemos associar a essas experiências?

Bem-estar – alegria – descontração
estresse – cansaço – fadiga
admiração – contemplação – satisfação

246 JOVANIA MARIA PERIN SANTOS

Figura 6.5 – Segunda página da UT "Férias dá papo"

Trocando ideias! 02

Converse sobre as seguintes questões:

4. O que você normalmente faz nas férias?
5. Qual é a diferença entre férias e feriado?
6. Qual é o período de férias escolares no seu país?
7. Na sua infância, como eram as férias de verão? O que você e sua família faziam?
8. No seu país, é comum tirar férias no período de inverno? O que as pessoas fazem? Para onde vão?
9. Se você trabalha, como é feita a escolha do período de férias?
10. Você costuma tirar 30 dias de férias ou parcela durante o ano em períodos de 20, 15 ou 10 dias?
11. Quais são os períodos de férias mais frequentes no Brasil?
12. O que você normalmente faz nas férias?
13. O que você não gostaria de fazer no período de férias?

Conhecendo experiências

Eu me identifico com ...

Esta atividade tem várias etapas. Siga os passos abaixo:
Passo 1: Observe as imagens e tente identificar o que as pessoas estão fazendo.
Passo 2: Ouça os áudios e identifique quem está falando.
Passo 3: Diga com qual dessas pessoas você se identifica mais.
Passo 4: Escreva um breve depoimento sobre o que você gosta de fazer nas férias, mas não coloque seu nome. Seu/sua professor(a) vai trocar os textos entre os(as) participantes do grupo e cada um/uma deve identificar de quem é a opinião.

Depoimento 1
a. Quem fala: _____
b. Idade: _____
c. O que gosta de fazer: _____

Depoimento 2
a. Quem fala: _____
b. Idade: _____
c. O que gosta de fazer: _____

Depoimento 3
a. Quem fala: _____
b. Idade: _____
c. O que gosta de fazer: _____

Figura 6.6 – Terceira página da UT "Férias dá papo"

Para ler e ouvir!

Para auxiliar na compreensão do texto, acesse o *site* indicado embaixo do texto e tente identificar que texto é esse, qual é sua fonte, quem é o autor e quando foi escrito. Depois da leitura responda as questões de compreensão.

> **O que fazer nas férias? 14 ideias para inspirar seu tempo livre!**
>
> Todo mundo ama tirar férias, não é mesmo? Que tal aproveitar o tempo livre para fazer coisas diferentes que você sempre quis? Conheça 14 opções aqui!
>
> As responsabilidades relacionadas com trabalho e estudos podem ser bastante desgastantes, não é mesmo? É por isso que, mesmo amando o que fazemos, é normal aguardar as férias com ansiedade.
>
> Tirar um tempo para si, descansar ou realizar atividades divertidas com pessoas que amamos são ótimas formas de passar o tempo.
>
> O problema é que muitos aguardam tanto pelas férias que esquecem de se planejar e, quando elas chegam, não têm a mínima ideia do que fazer com todo o tempo livre.
>
> Ninguém merece voltar ao trabalho mais cansado do que saiu, não é? Então, veja 14 dicas práticas para decidir o que fazer nas férias e aproveitar ao máximo o tempo de descanso tão merecido!
>
> ...
>
> Fonte: https://rockcontent.com/blog/o-que-fazer-nas-ferias

Retomando o texto:

1. Entre os itens abaixo, qual ou quais podemos identificar como objetivo(s) do texto?
   ( ) Falar sobre ansiedade e cansaço durante o trabalho.
   ( ) Dar ideias para o planejamento das férias.
   ( ) Contribuir para que as pessoas aproveitem melhor suas férias.
   ( ) Sugerir atividades para aproveitar o tempo no período em que trabalhamos.

2. O que o autor aponta como boas formas de passar o tempo?
   _____

3. O que o autor considera ser normal acontecer no período que antecede as férias?
   _____

4. Como você fica no período que antecede as férias?
   _____

5. Você costuma planejar as férias? Como você faz isso?
   _____

6. O texto fala sobre algumas dicas para decidir o que fazer nas férias. Quais são essas dicas? Acesse o áudio ou o texto na internet e identifique quais são elas.
   _____

7. Entre as dicas de planejamento apresentadas, escolha três que você considera mais interessantes.
   _____

FIGURA 6.7 – QUARTA PÁGINA DA UT "FÉRIAS DÁ PAPO"

Vamos escrever!

Tarefa de produção de texto

Imagine que você está planejando um passeio de alguns dias em uma ilha do litoral brasileiro e precisa escrever um *e-mail* para uma pousada perguntando o valor da estadia e o que a pousada oferece. Procure o *e-mail* de algumas pousadas e tente realmente enviar o texto.
Antes de escrever, leia as questões a seguir:
a. Como deve ser a linguagem do texto? Formal ou informal?
b. Quais são as formas de tratamento que devem ser usadas? Você ou senhor(a)?
c. Quais devem ser as expressões para iniciar o texto?
d. Como podemos introduzir os assuntos?
e. Que expressões usamos para concluir o texto?

Utilize o espaço abaixo para praticar. Observe que existe espaço para as expressões de abertura e finalização, além do espaço central para o conteúdo das solicitações.

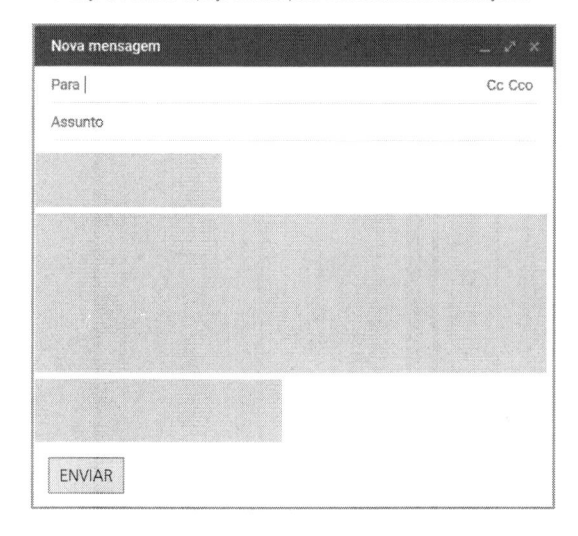

Nova mensagem

Para | Cc Cco
Assunto

ENVIAR

Para praticar recursos linguísticos!

Identifique os níveis de formalidade das expressões abaixo:

caro diretor/cara diretora – senhor/senhora – você – amigo/amiga
tu – prezado senhor/prezada senhora – moço/moça – Seu... – Dona...

Formal   Informal

Figura 6.8 – Quinta página da UT "Férias dá papo"

Hora da música! 05

Entre no link https://www.youtube.com/watch?v=YxRwYaGBWZU, ouça a música e identifique entre as palavras a seguir quais aparecem na letra da música.

a. sério/(quero)
b. paz/faz
c. livre/tigre
d. viver/saber
e. ter/ser
f. convencer/agradecer
g. dia quente/dia frio
h. amanhecer/pôr do sol
i. celebrar/festejar
j. hora/fora
k. mesmo que/desde que
l. nasci/conheci

Trocando ideias sobre a música:
1. Há quanto tempo o "personagem" da música está de férias?
2. O que o "personagem" da música deseja?
3. Escreva quatro coisas que você deseja para as suas férias.

Para praticar pronúncia!

Vamos praticar a pronúncia das vogais médias: "e", "é". Seus símbolos fonéticos são: [e], [ɛ].

Ouça as palavras e identifique qual dos dois fonemas é usado. Reescreva as palavras em cada uma das colunas:

		[e]	[ɛ]
1. férias	10. tigre		férias
2. e	11. livre		
3. é	12. vezes		
4. dez	13. ela		
5. três	14. essa		
6. café	15. Felipe		
7. ter	16. também		
8. ser	17. mesmo		
9. você	18. que		

Para ler e conhecer!

Antes de ler o texto da próxima página, responda às seguintes perguntas:

a. Para os funcionários de empresas, a quanto tempo de férias tem direito cada trabalhador?
b. Os trabalhadores recebem o salário referente ao período em que estão de férias? Qual valor?
c. Quantos dias é possível tirar de férias?
d. Quem define em qual período os funcionários podem tirar férias?
e. É possível vender o mês referente às férias ou continuar trabalhando e receber o valor referente ao mês de férias?

FIGURA 6.9 – SEXTA PÁGINA DA UT "FÉRIAS DÁ PAPO"

Para ler e conhecer 06

O texto a seguir trata dos direitos dos cidadãos. Após a leitura, desenvolva as atividades propostas.

DIREITOS

Quem define o período de férias? Tire dúvidas sobre o tema

Por mais que seja um direito do trabalhador, o período a ser tirado pode ser determinado pelo empregador, explica advogado

Por Tribuna do Ceará em empregos – 16 de dezembro de 2016 às 07:00
Por Gilberto de Jesus Bento Junior e presidente da Bento Junior Advogados

Férias. Período muito esperado pelos trabalhadores, proporcionando o descanso físico e mental necessário para renovar as energias e para aproveitar para viajar ou relaxar. Contudo, são várias as dúvidas trabalhistas relacionadas ao tema. Para entender melhor é importante o aprofundamento sobre o tema, assim, veja os principais pontos que separei:

O que são as férias?

Férias são períodos de descansos. Para se ter direito a esses períodos é necessário trabalhar por doze meses consecutivos, o que é chamado período aquisitivo. Assim, após esse período desgastante de atividade laboral, o empregado conquista o direito a 30 dias de férias com salário integral acrescido de um terço.

Esse acréscimo na remuneração visa a proporcionar a possibilidade de desfrutar de atividades de lazer com sua família sem comprometer o sustento familiar, daí a obrigação da empresa em pagar, além do salário normal, o terço constitucional.

Quem define as férias?

Já vi muitas brigas trabalhistas relacionadas às férias, isso se dá pela confusão de conceito do trabalhador de que, por ser seu direito, essa poderá ser aproveitada quando bem desejar, esse é um erro comum.

Ponto que poucos se atentam é que, por mais que seja um direito do trabalhador, o período a ser tirado pode ser determinado pelo empregador. Assim, se o empregado quiser tirar as férias em outubro, e a empresa decidir por dezembro, vale o que o empregador quiser. Mas nesse ponto o ideal sempre são os acordos.

Há quatro situações nas quais o empregado perde o direito, conforme descreve o artigo 133 das Consolidações das Leis do Trabalho (CLT). Essas são:

Quando deixa o emprego e não é readmitido dentro de um período de 60 dias subsequentes à sua saída;

No caso do trabalhador que permanece em licença recebendo salários, por mais de 30 dias no período do ano ou que acumula esse período em faltas justificadas para ir ao médico, ao dentista, por falecimento de parente, em que são apresentados atestados para abono das faltas;

Quando não trabalha pelo período de mais de 30 dias, em virtude de paralisação parcial ou total dos serviços da empresa, recebendo o salário;

Tenha ficado afastado do trabalho pela Previdência Social em função de acidente de trabalho ou de auxílio-doença por mais de 6 meses, mesmo que descontínuos.
...
As faltas justificadas podem colocar as férias em risco ou reduzir o período de 30 dias drasticamente. Com até 5 faltas justificadas há a garantia dos 30 dias de férias. De seis a 14 faltas, estão garantidos 24 dias; de 15 a 23 faltas, 18 dias; de 24 a 32 ausências, 12 dias. Acima de 32 faltas, o direito às férias remuneradas é perdido de acordo com artigo 130 da CLT.

Venda das férias

Outro ponto que causa grande confusão em relação ao tema é a possibilidade de venda de férias. Essa é, sim, possível, desde que a solicitação seja do trabalhador, com objetivos de aumentar a renda. O empregador não pode impor a venda desse período.

Caso o trabalhador opte pela venda, ele deverá comunicar a empresa até 15 dias antes da data do aniversário do contrato de trabalho. Resta ao empregador decidir o período do ano em que as férias serão concedidas, pagando o valor proporcional aos 10 dias que o funcionário vai trabalhar. Importante é que o período máximo de férias permitido para se vender é de um terço.

Mas, fique atento, muitas empresas sequer consultam os empregados para saber se este quer ou pode sair 20 ou 30 dias, simplesmente emitem o aviso e recibos de férias já com 10 dias convertidos em abono, os quais sentindo-se constrangidos em negar o pedido, acabam cedendo à vontade da empresa por conta da manutenção do emprego.

Figura 6.10 – Sétima página da UT "Férias dá papo"

Vamos escrever!
Tarefa de produção de texto — 07

Escreva um *e-mail* imaginando ser para o departamento pessoal da empresa em que você trabalha a fim de solicitar o seu período de férias. Informe o período em que você pretende tirar férias, que deve ser de 20 dias em determinado mês e 10 em outro.

Para praticar recursos linguísticos!

Vamos praticar algumas estruturas gramaticais.

1. Complete os diálogos com as preposições desde, de e até. A preposição "de" pode combinar com os artigos.

Diálogo 1:
i. — Há quanto tempo você está no Brasil?
j. —................ setembro do ano passado.

Diálogo 2:
a. — Oi, Pedro, você tá de férias?
b. — Sim, tô de férias .... o dia 20.
a. — E vai tirar 30 dias?
b. — Não, só vou tirar 15 dias agora.
a. — Eu peguei 30 dias. Tô de férias .... o dia 13 do mês que vem.

Diálogo 3:
a. — Moço, por favor, esse barco vai ..... qual praia?
b. — Vai .... a praia .... Encantadas.
a. — Tá bom, obrigada.

Diálogo 4:
a. — Alô, por favor, uma informação. Qual o horário de atendimento da loja?
b. — É .... 9h .... às 19h.
a. — Obrigada.
b. — Disponha.

2. A pergunta a seguir apareceu no início desta unidade. Vamos agora analisar o tempo verbal dessa frase.

> Na sua infância, como eram as férias de verão? O que você e sua família faziam?

Qual é esse tempo verbal?

Para refletirmos sobre o uso desse tempo verbal, responda às perguntas:
f. A pergunta se refere a uma situação no presente ou no passado?
g. A pergunta pede para você descrever uma ação ou situação no passado?
h. A pergunta faz referência a uma ação pontual e única ou a várias ações que se repetiam?

As respostas a essas perguntas apontam para usos do pretérito imperfeito do modo indicativo. Complete a seguir a tabela com alguns verbos regulares e irregulares nesse tempo verbal:

	Falar	Comer	Abrir	Fazer	Ser	Ter
Eu	falava					
Tu		comias				
Você				fazia		
Ele/ela						
A gente			abria			
Nós					éramos	
Vocês						tinham
Eles/elas	falavam					

seispontoquatro
Construindo uma unidade temática: aplicação

Na seção anterior, apresentamos uma unidade temática pensada para um período de aproximadamente cinco ou seis horas-aula. Vamos agora refletir sobre o processo de aplicação de materiais didáticos em geral e especialmente da unidade que fornecemos.

Acreditamos que, quando o professor é o criador do material que está utilizando, há maior possibilidade de obter sucesso na aplicação, mas isso pode não ser regra geral. De qualquer modo, é necessário analisar com cuidado durante a aplicação das atividades quais seriam as mais adequadas. Cada momento de aprendizagem é único, e podem acontecer situações específicas, dependendo da realidade em que se vive. Situações diversas em sala de aula contribuem ou não para o bom andamento da aula. Devemos estar atentos a todas essas situações.

Quando um professor aplica o material que produziu, dificilmente responde previamente às perguntas e elabora o guia de aplicação. Algumas surpresas podem ocorrer nessas situações, por isso o ideal é tentar realizar as atividades e olhar com certo distanciamento para o material produzido. Ser crítico de nosso próprio trabalho é ainda mais difícil do que criticar o trabalho de outras pessoas. As falhas e as inadequações parecem saltar aos olhos quando o material foi feito por outros professores, mas isso nem sempre acontece quando o material foi elaborado por nós mesmos.

 O maior problema é a tendência de nos apegarmos às nossas escolhas e pensarmos que determinado texto é bom e adequado. Por alguma razão, achamos que temos de usá-lo, mas nem sempre os resultados são positivos. Precisamos fazer exercícios de desapego. Certamente nem todos os elaboradores de materiais têm esse apego, mas é algo a que se deve atentar.

 Vamos apresentar na sequência algumas dicas de aplicação para a unidade temática apresentada.

 A unidade temática "Férias dá papo" é composta de sete páginas com atividades que exploram diferentes habilidades, tais como conversação, discussão, leitura, compreensão de áudio, produção de textos e prática de pronúncia e de recursos linguísticos. Esse material segue a abordagem comunicativa, porém é possível perceber influências diversas, como o conceito de tarefa, que tem origem no ensino de línguas por tarefas (ELT), como descrito por Santos (2014). Vemos que o material não segue um método específico e procura abranger uma gama de habilidades relacionadas às práticas comunicativas comuns para o perfil dos alunos a que se pretende atender. Temos aqui um material que pode ser considerado holístico e está em contraponto com propostas sintéticas, como a dos materiais estruturalistas.

 Na primeira página, devemos observar que as fotos retratam atividades divertidas e interessantes, mas alguns alunos podem nunca ter feito uma viagem superanimada como as mostradas. Isso pode gerar alguma frustração, portanto é necessário pensar em alguma alternativa, como passeios curtos na cidade em que vivemos ou nas proximidades.

Na segunda página, observamos que não há identificação das fotos, ou seja, não se informa a que depoimentos correspondem. Essa falta de identificação é proposital; os depoimentos não estão em ordem e, assim, os alunos vão ouvir os áudios e identificar com quais fotos combinam. Talvez alguma orientação precise ser feita nesse sentido.

Para o trabalho com a terceira página, é importante, antes da aula, abrir o arquivo para checar se está disponível e, como garantia, verificar quais são as dicas e se não são de difícil compreensão.

A quarta página contém uma atividade que pode gerar controvérsias. Talvez não haja uma resposta certa, o que nos parece mais adequado. Dependendo do falante, diferentes pontos de vistas podem surgir. Observe a atividade a seguir.

FIGURA 6.11 – ATIVIDADE DA UT "FÉRIAS DÁ PAPO"

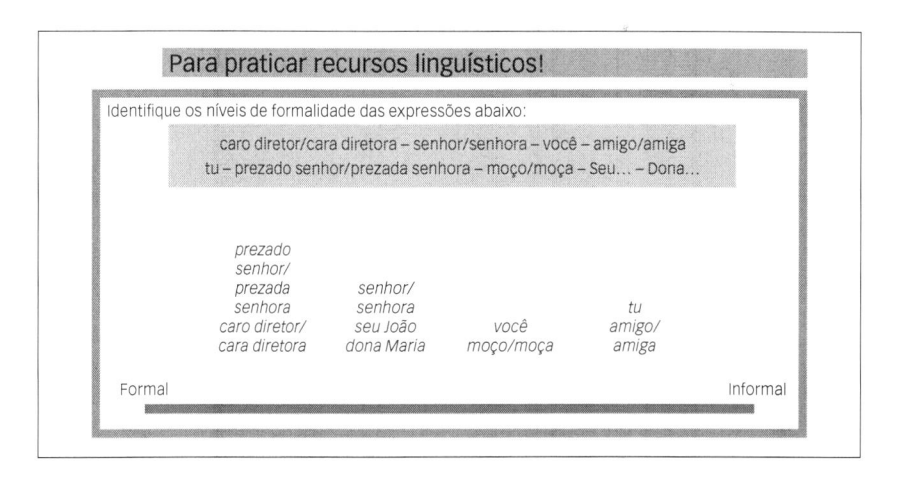

Para praticar recursos linguísticos!

Identifique os níveis de formalidade das expressões abaixo:

caro diretor/cara diretora – senhor/senhora – você – amigo/amiga
tu – prezado senhor/prezada senhora – moço/moça – Seu... – Dona...

prezado senhor/ prezada senhora caro diretor/ cara diretora	senhor/ senhora seu João dona Maria	você moço/moça		tu amigo/ amiga
Formal				Informal

Observe que apresentamos uma sugestão de resposta, mas convém observar a possibilidade de haver outras. Então, parece ser arriscado apresentar uma resposta categórica.

Na quinta página, também é necessário fazer o *download* da música e talvez imprimir a letra para fornecê-la aos alunos, caso tenham mais dificuldade para compreendê-la.

O texto da sexta página é relativamente longo, se considerarmos alunos de nível de proficiência A2. Nesse caso, é possível solicitar uma leitura prévia como tarefa de casa e depois ler todo o texto junto com os alunos em sala de aula, parando-se sempre que necessário.

Na sétima página, temos, além da tarefa de produção de texto, dois tópicos linguísticos que podem ser ampliados. Sobre a tarefa de produção de texto, é importante aproveitarmos as produções realizadas para fazer observações, correções e orientações. A reescritura de textos também é uma prática bastante eficiente para a aprendizagem. Os textos elaborados são excelentes amostragens e podem ser usados até mesmo para a avaliação processual.

seispontocinco
Construindo uma unidade temática: revisão/reelaboração

A reelaboração do material está ligada aos resultados da aplicação. Todas as atividades podem ser alteradas. Devemos observar se a proposta é interessante e provoca interlocução com o grupo com o qual estamos trabalhando. Trata-se de um processo contínuo de desenvolvimento de atividades didáticas. É um movimento circular, que procura ampliar e melhorar o que já foi realizado. O ideal é anotar sugestões de mudança logo ao término das aulas. Se deixarmos para outro dia, já podermos ter esquecido boa parte das melhorias que poderiam ser feitas.

Ressaltamos que o ideal é aplicar várias vezes os materiais que fazemos e reavaliar continuamente o que foi realizado. Os materiais didáticos parecem ter data de validade e precisam constantemente de atualizações e melhorias.

Síntese

Neste capítulo, procuramos aplicar os conteúdos e as reflexões que apresentamos nos capítulos anteriores. Nosso objetivo foi fomentar e estimular a elaboração de atividades e também a análise crítica de livros didáticos já publicados. É essencial que o professor passe por esses processos em sua formação. Muitos docentes, ao iniciarem suas atividades profissionais, sentem-se inseguros em produzir materiais, por isso nos dedicamos a fornecer aqui sugestões. Descrevemos a elaboração de uma unidade temática com o propósito de aplicar as orientações que propusemos nas seções anteriores. Incentivamos que cada professor desenvolva um formato próprio, pois não parece haver um que seja ideal. Nossa intenção não foi apresentar um modelo a ser seguido, mas apenas estimular o leitor a se aventurar na produção de materiais didáticos e no aprimoramento contínuo dessa atividade.

Finalmente, destacamos que a elaboração de materiais didáticos é um trabalho artístico. Como tal, apresentam traços característicos de seu autor, e sua construção reflete as influências de quem os produziu. A maior dificuldade talvez seja a distribuição dos conteúdos e a correção com os diferentes objetivos previamente definidos. Procuramos, no decorrer deste capítulo, descrever passo a passo o caminho seguido para a elaboração de uma unidade temática, com a intenção de compartilhar nossa experiência e estimular outras produções.

Atividades de autoavaliação

1. Como mencionado neste capítulo, há flutuação na nomenclatura atribuída ao conjunto de atividades que são elaboradas para o ensino de línguas. Quais são as denominações mais usadas? Considere as opções a seguir:

I. Unidade didática.
II. Unidade de sentido.
III. Unidade temática.
IV. Sequência didática.

Agora, assinale a alternativa que indica a(s) opção(ões) correta(s):
a. Apenas I.
b. I, III e IV.
c. I, II e III.
d. Apenas III.

2. Os livros didáticos geralmente são divididos em unidades. Também os professores têm elaborado unidades de trabalho

com o objetivo de facilitar o desenvolvimento das aulas. Como as unidades didáticas são caracterizadas neste capítulo?

Assinale V para as afirmativas verdadeiras e F para as falsas.

( ) Caracterizam-se por partir de um tema central, que deve ser o fio condutor das atividades e da organização dos conteúdos.
( ) Devem partir de um texto escolhido e seguir abordando os conteúdos gramaticais que compõem esse texto.
( ) Podem ou não ser organizadas a partir de um tema, mas são destinadas às práticas de ensino de línguas ou de outras disciplinas.
( ) Apresentam um tema central e subtemas que podem diversificar as discussões, adequando-se ao perfil dos alunos.

Agora, assinale a alternativa que corresponde à sequência obtida:

a. F, V, V, F.
b. V, F, F, F.
c. V, F, F, V.
d. F, V, V, V.

3. O texto deste capítulo trata da composição de uma unidade temática, apresentando algumas etapas de realização dessas unidades. Quais são essas etapas?

Identifique as afirmativas corretas.

I. A etapa mais importante é a de avaliação dos conteúdos elaborados.
II. A primeira etapa refere-se à definição dos objetivos da unidade e ao seu planejamento.
III. As etapas são planejamento, confecção, aplicação e reelaboração.

IV. A reelaboração não é considerada uma etapa, pois a unidade não necessita de revisão ou reconstrução depois de sua finalização.

Agora, assinale a alternativa que indica as afirmativas corretas:
a. I e II.
b. II e III.
c. II e IV.
d. I, II e III.

4. A escolha de um tema para compor a unidade temática deve seguir alguns critérios, os quais contribuem para a organização e os desenvolvimento da unidade. Quais são os critérios para a escolha dos temas centrais das unidades temáticas?

Assinale V para as asserções verdadeiras e F para as falsas.

( ) O tema deve ser universal, ou seja, relevante para pessoas de diferentes lugares ou países, de modo que se sintam incluídas na proposta e possam participar das discussões.

( ) O tema deve estar adequado ao nível de proficiência dos estudantes.

( ) A escolha do tema central deve se pautar unicamente por sua relevância, considerando-se a realidade de aprendizagem da escola ou curso.

( ) Um dos critérios para a escolha dos temas deve ser o planejamento dos cursos, seus programas ou currículos.

Agora, assinale a alternativa que corresponde à sequência obtida:
a. V, F, F, V.
b. F, F, V, V.

c. F, F, F, V.
d. V, V, F, V.

5. A composição de uma unidade temática pode variar de acordo com os objetivos e a intenção de quem a estiver elaborando. Este capítulo apresentou algumas sugestões voltadas à distribuição dos conteúdos e sua organização. Quais são essas sugestões?

Considere os itens a seguir.

I. Uma proposta inicial de aproximação ao tema, que pode ser a leitura de um pequeno texto, de uma charge, a compreensão de uma música ou algumas questões para discussão.
II. Questões para conversação, relatos e troca de informações e experiências interculturais.
III. Atividades de compreensão de vídeo/áudio ou textos escritos.
IV. Tarefas de produção de textos (orais e escritos), prática de pronúncia e recusos linguísticos.

Agora, assinale a alternativa que indica os itens corretos:
a. I, II, III e IV.
b. I, III e IV.
c. I, II e III.
d. II, III e IV.

Atividades de aprendizagem

Questões para reflexão

1. Leia o sumário de um livro didático publicado de PLE/PL2 e responda às questões propostas:

Livro *Viva! Português para estrangeiros*

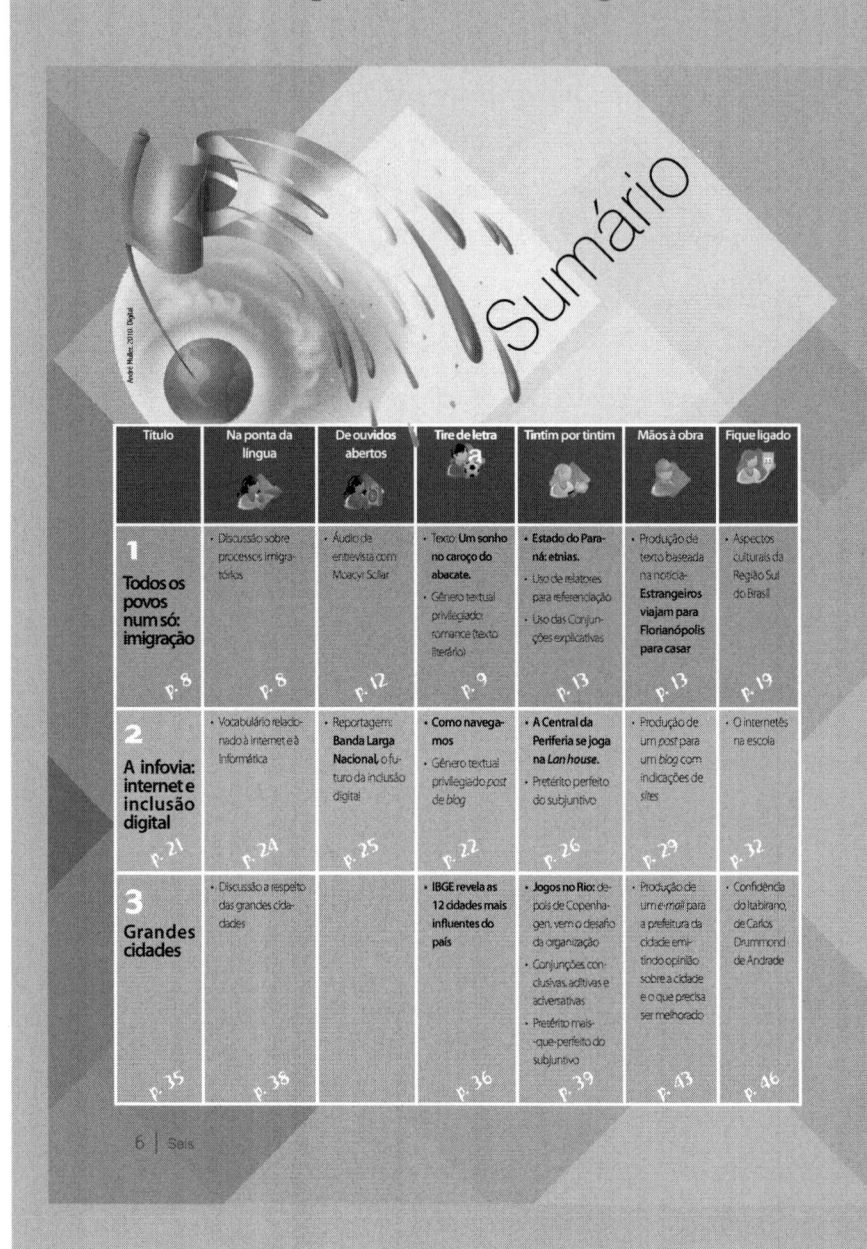

Sumário

Título	Na ponta da língua	De ouvidos abertos	Tire de letra	Tintim por tintim	Mãos à obra	Fique ligado
1 **Todos os povos num só: imigração** p. 8	• Discussão sobre processos imigratórios p. 8	• Áudio de entrevista com Moacyr Scliar p. 12	• Texto: **Um sonho no caroço do abacate**. • Gênero textual privilegiado: romance (texto literário) p. 9	• Estado do Paraná: etnias. • Uso de relatores para referenciação • Uso das Conjunções explicativas p. 13	• Produção de texto baseada na notícia: **Estrangeiros viajam para Florianópolis para casar** p. 13	• Aspectos culturais da Região Sul do Brasil p. 19
2 **A infovia: internet e inclusão digital** p. 21	• Vocabulário relacionado à internet e à Informática p. 24	• Reportagem: **Banda Larga Nacional**, o futuro da inclusão digital p. 25	• Como navegamos • Gênero textual privilegiado: post de blog p. 22	• A Central da Periferia se joga na *Lan house*. • Pretérito perfeito do subjuntivo p. 26	• Produção de um *post* para um *blog* com indicações de sites p. 29	• O internetês na escola p. 32
3 **Grandes cidades** p. 35	• Discussão a respeito das grandes cidades p. 38		• IBGE revela as 12 cidades mais influentes do país p. 36	• Jogos no Rio: depois de Copenhagen, vem o desafio da organização • Conjunções conclusivas, aditivas e adversativas • Pretérito mais-que-perfeito do subjuntivo p. 39	• Produção de um e-mail para a prefeitura da cidade emitindo opinião sobre a cidade e o que precisa ser melhorado p. 43	• Confidência do Itabirano, de Carlos Drummond de Andrade p. 46

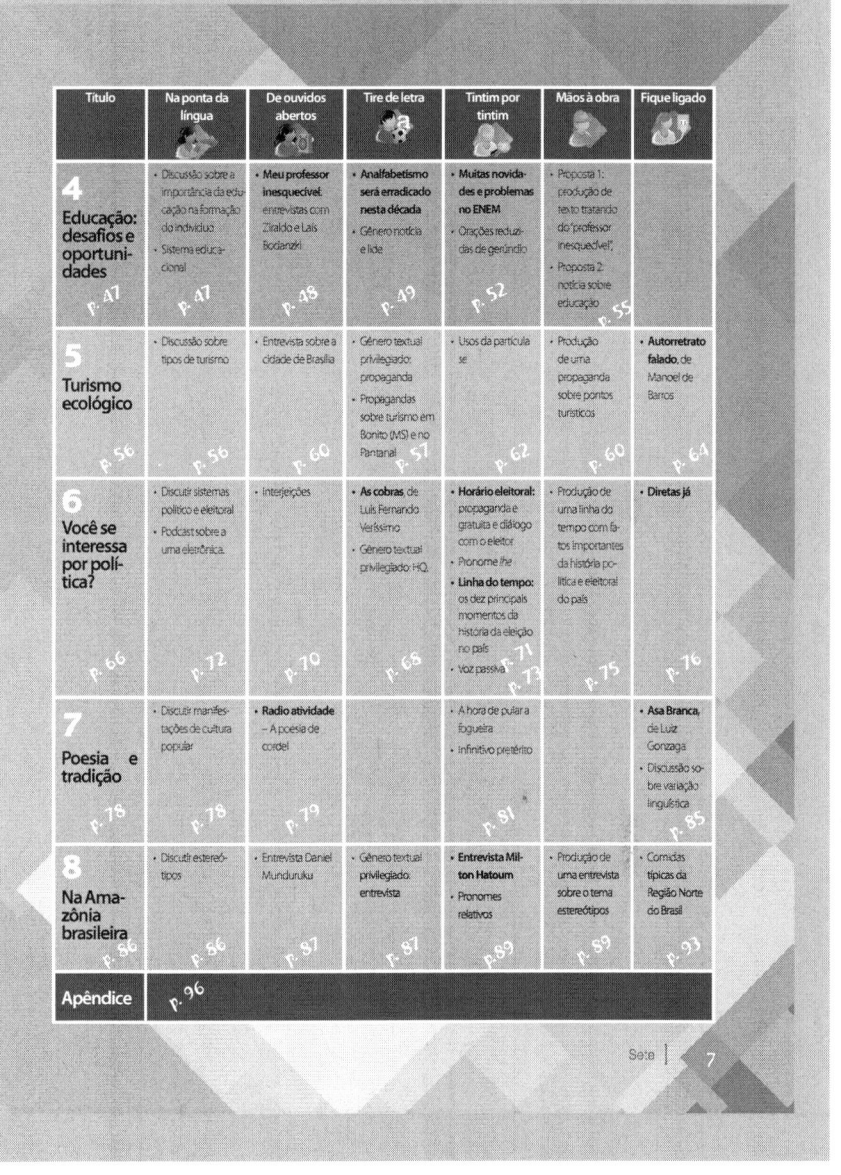

Título	Na ponta da língua	De ouvidos abertos	Tire de letra	Tintim por tintim	Mãos à obra	Fique ligado
4 Educação: desafios e oportunidades	• Discussão sobre a importância da educação na formação do indivíduo • Sistema educacional p. 47	• Meu professor inesquecível: entrevistas com Ziraldo e Laís Bodanzki p. 47	• Analfabetismo será erradicado nesta década • Gênero notícia e lide p. 48	• Muitas novidades e problemas no ENEM • Orações reduzidas de gerúndio p. 49	• Proposta 1: produção de texto tratando do "professor inesquecível" • Proposta 2: notícia sobre educação p. 52	p. 55
5 Turismo ecológico	• Discussão sobre tipos de turismo p. 56	• Entrevista sobre a cidade de Brasília p. 56	• Gênero textual privilegiado: propaganda • Propagandas sobre turismo em Bonito (MS) e no Pantanal p. 60	• Usos da partícula se p. 57	• Produção de uma propaganda sobre pontos turísticos p. 60	• Autorretrato falado, de Manoel de Barros p. 64
6 Você se interessa por política?	• Discutir sistemas político e eleitoral • Podcast sobre a urna eletrônica p. 66	• Interjeições p. 72	• As cobras, de Luis Fernando Veríssimo • Gênero textual privilegiado: HQ p. 70	• Horário eleitoral: propaganda e gratuita e diálogo com o eleitor • Pronome lhe • Linha do tempo: os dez principais momentos da história da eleição no país • Voz passiva p. 68	• Produção de uma linha do tempo com fatos importantes da história política e eleitoral do país p. 73	• Diretas já p. 75
7 Poesia e tradição	• Discutir manifestações de cultura popular p. 78	• Radio atividade – A poesia de cordel p. 78		• A hora de pular a fogueira • Infinitivo pretérito p. 79		• Asa Branca, de Luiz Gonzaga • Discussão sobre variação linguística p. 81
8 Na Amazônia brasileira	• Discutir estereótipos p. 86	• Entrevista Daniel Munduruku p. 86	• Gênero textual privilegiado: entrevista p. 87	• Entrevista Milton Hatoum • Pronomes relativos p. 89	• Produção de uma entrevista sobre o tema estereótipos p. 89	• Comidas típicas da Região Norte do Brasil p. 93
Apêndice	p. 96					

FONTE: ROMANICHEN, 2010, p. 6-7.

a. Analise o sumário atentando para os itens a seguir:
   * Para qual nível de proficiência esse livro poderia ser usado?
   * Os temas das unidades são interessantes e provocam a interlocução?
   * A progressão dos conteúdos parece adequada?
   * Quais conteúdos são descritos no sumário? Você sentiu falta de alguma informação?
   * Quais conteúdos os alunos precisariam dominar para estudar com esse livro?
b. Neste capítulo, tratamos dos critérios de escolha da temática central das unidades didáticas. Quais são esses critérios e qual você acredita ser o mais importante?
c. Como pode ser definido o tópico gramatical ou recurso linguístico explorado na unidade temática? Faça uma lista de itens gramaticais a serem trabalhados em um nível iniciante de aprendizagem de PLE. A lista deve conter sete itens.

Atividade aplicada: prática

1. Desenvolva o planejamento de uma unidade temática de acordo com o percurso apresentado na Seção 6.1. Utilize como base o roteiro a seguir.

Roteiro para elaboração de uma unidade didática/temática

Descreva o perfil dos alunos que utilizarão esta unidade.	
Escolha um tema central para a unidade didática.	
Descreva uma atividade de introdução ao tema.	
Sugira alguns textos (escritos e orais) para compor a unidade.	
Defina dois textos para serem explorados na tarefa de produção escrita.	
Apresente os tópicos gramaticais a serem explorados.	
Descreve um item para ser explorado como exercício de pronúncia.	

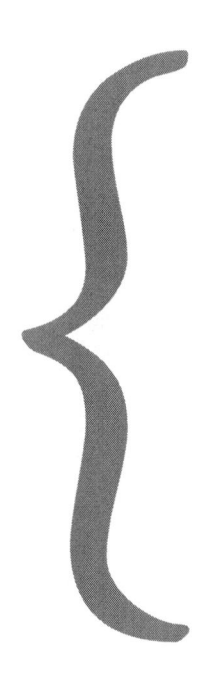

{

considerações finais

⁌ NESTA OBRA, PROCURAMOS refletir sobre a importante tarefa de produzir materiais didáticos para o ensino de línguas e, em especial, de PLE/PL2. Sabemos o quanto ter boas propostas para desenvolver as aulas é necessário e vantajoso. Os alunos estão ávidos por aprender, mas temos um longo caminho até efetivamente contribuir para que eles atinjam bons níveis de proficiência. O bom professor procura, a todo momento, alternativas que favoreçam esse processo. Neste livro, buscamos fornecer análises, reflexões e contribuições diversas para auxiliar quem elabora os próprios materiais e também quem precisa analisar livros didáticos e outros materiais já publicados. Para isso, apresentamos, no Capítulo 5, um exemplo de desenvolvimento de uma unidade temática. Descrevemos detalhamente todos os passos de elaboração desse material com o intuito de mostrar nosso ponto de vista e colaborar com a formação de professores na área.

Muitas vezes, precisamos de alguma referência para decidirmos nos lançar em determinadas tarefas. Se considerarmos o ensino de línguas situado, ou seja, vinculado à realidade social em que estamos inseridos, entenderemos que faz sentido utilizarmos textos desses próprios locais para elaborar atividades para o ensino. Nesse caso, por que não propor atividades com gravações de pessoas conhecidas como informantes e utilizar fotos do nosso próprio banco de dados? Queremos dizer que podemos construir atividades a partir da observação da realidade em que nos encontramos, e muitas vezes uma ideia simples pode proporcionar um trabalho em sala de aula bastante interessante e produtivo.

O essencial é procurarmos continuamente o aprimoramento e também nos adaptarmos a novos conceitos e ideias que surgem a cada dia. Acreditamos que seja válido todo o esforço para proporcionarmos uma boa aula e ajudarmos nossos alunos a alcançar seus objetivos.

Destacamos, por fim, que muito ainda precisa ser feito quando se pensa em desenvolvimento de materiais didáticos para ensino de PLE/PL2. Ao longo do texto, mencionamos algumas sugestões de pesquisas que julgamos necessárias para que alcancemos melhores níveis de qualidade e possamos valorizar a área.

referências

ALMEIDA FILHO, J. C. P. Codificar conteúdos, processo, e reflexão formadora no material didático para ensino e aprendizagem de línguas. In: PEREIRA, A. L.; GOTTHEIM, L. (Org.). Materiais didáticos para o ensino de língua estrangeira: processos de criação e contextos de uso. Campinas: Mercado de Letras, 2013. p. 13-28.

_____. Dimensões comunicativas no ensino de línguas. 3. ed. Campinas: Pontes, 2002

ANDRIGHETTI, G. H. A elaboração de tarefas de compreensão oral para o ensino de português como língua adicional em níveis iniciais. 154 f. Dissertação (Mestrado em Linguística Aplicada) – Universidade Federal do Rio Grande do Sul, Porto Alegre, 2009.

_____. Pedagogia de projetos: reflexão sobre a prática no ensino de Português como L2. Monografia (Licenciatura em Letras) – Universidade Federal do Rio Grande do Sul, Porto Alegre, 2006.

ANDRIGHETTI, G. H. Reflexões sobre o ensino de português para falantes de outras línguas através da pedagogia de projetos. In: SCHOFFEN, J. R. et al. (Org.). **Português como língua adicional: reflexões para a prática docente**. Porto Alegre: Bem Brasil, 2012. p. 71-90.

ANDRIGHETTI, G. H.; SCHOFFEN, J. R. **Vivenciando língua e cultura: sugestões para práticas pedagógicas em português como língua adicional**. Porto Alegre: Bem Brasil, 2012.

ANTHONY, E. M. Approach, Method and Technique. In. ALLEN, H. B.; CAMPBELL, R. N. **Teaching English as a Second Language: a Book of Readings**. 2. ed. New Delhi: Tata McGraw-Hill, 1972. p. 4-8.

ANTUNES, I. **Muito além da gramática: por um ensino de línguas sem pedras no caminho**. São Paulo: Parábola, 2007.

ANUNCIAÇÃO, R. F. M. de. **Somos mais que isso: práticas de (re)existência de migrantes e refugiados frente à despossessão e ao não reconhecimento**. 127 f. Dissertação (Mestrado em Linguística Aplicada) – Universidade Estadual de Campinas, Campinas, 2017.

BAGNO, M. **Gramática pedagógica do português brasileiro**. São Paulo: Parábola, 2011.

_____. **Nada na língua é por acaso**. São Paulo: Parábola, 2007.

BAILEY, K. M. **Learning about Language Assessment: Dilemmas, Decisions and Directions**. Boston, MA: Heinle & Heinle, 1998.

BAKHTIN, M. **Marxismo e filosofia da linguagem**. Tradução de Michel Lahud e Yara Frateschi Vieira. 8. ed. São Paulo: Hucitec, 1997.

_____. Os gêneros do discurso. In: BAKHTIN, M. **Estética da criação verbal**. 6. ed. São Paulo: M. Fontes, 2011. p. 261-306.

BARBOSA, L. M. de A. (Org.). **(Inter)faces (inter)culturais no ensino-aprendizagem de línguas**. Campinas: Pontes, 2014.

BASSO, R. M. Descrição do português brasileiro. São Paulo: Parábola, 2019.

BECHARA, E. Gramática escolar da língua portuguesa. 2. ed. Rio de Janeiro: Nova Fronteira, 2010.

BHABHA, H. K. O local da cultura. Tradução de Myriam Ávila, Eliana Lourenço de Lima Reis, Gláucia Renate Gonçalvez. Belo Horizonte: Ed. da UFMG, 1998.

BORGES NETO, J. Gramática do português brasileiro. In: FARACO, C. A.; VIEIRA, F. E. (Org.). Gramáticas brasileiras: com a palavra, os leitores. São Paulo: Parábola, 2016. p. 267-292.

BRASIL. Ministério da Educação. Manual do candidato do Exame Celpe-Bras 2006. Brasília, 2006. Disponível em: <http://portal.mec.gov.br/sesu/arquivos/pdf/CelpeBras/manualcandidato2006.pdf>. Acesso em: 5 out. 2019.

BRASIL. Ministério da Educação. Instituto Nacional de Estudos e Pesquisas Educacionais Anísio Teixeira. Guia de capacitação para examinadores da parte oral do Celpe-Bras: Certificado de Proficiência em Língua Portuguesa para Estrangeiros. Brasília, 2013. Disponível em: <http://www.ufrgs.br/acervocelpebras/arquivos/guias/guia-de-capacitacao-para-examinadores-da-parte-oral>. Acesso em: 5 out. 2019.

_____. Celpe-Bras. Disponível em: <http://portal.inep.gov.br/acoes-internacionais/celpe-bras>. Acesso em: 5 out. 2019.

BRASIL. Ministério da Educação. PEC-G – Programa de Estudantes-Convênio de Graduação. Disponível em: <http://portal.mec.gov.br/pec-g>. Acesso em: 4 jan. 2018.

BRASIL. Ministério do Turismo. Saúde do viajante. 5 dez. 2016. Disponível em: <http://www.turismo.gov.br/component/content/article/33-menu-superior/5903-sa%C3%BAde-do-viajante.html>. Acesso em: 5 out. 2019.

BRIÃO, Q. M. Uma proposta de material didático de leitura e produção textual para o ensino de português como língua adicional. 58 f. Monografia (Licenciatura em Letras) – Universidade Federal do Rio Grande do Sul, Porto Alegre, 2012.

BRITO, A. M. et al. Gramática comparativa Houaiss: quatro línguas românicas – português, espanhol, italiano e francês. São Paulo: Publifolha, 2010.

BULLA, G. S. A realização de atividades pedagógicas colaborativas em sala de aula de português como língua estrangeira. Dissertação (Mestrado em Letras) – Universidade Federal do Rio Grande do Sul, Porto Alegre, 2007.

BULLA, G. S. Relações entre design educacional, atividade e ensino de português como língua adicional em ambientes digitais. Tese (Doutorado em Letras) – Universidade Federal do Rio Grande do Sul, Porto Alegre, 2014.

BULLA, G. S. et al. The Collaborative Construction of an Online Newspaper by Portuguese as a Second Language Learners Using ICT: Being Just Modern or Effective? In: WORLD CONFERENCE ON DISTANCE EDUCATION – PROMOTING QUALITY IN ON-LINE, FLEXIBLE AND DISTANCE EDUCATION, 22., 2006, Rio de Janeiro.

BULLA, G. S.; SANTOS, L. G. O projeto Jornal Online: relato de uma experiência com escrita colaborativa em ambientes digitais com aprendizes de português para estrangeiros. In: I ENCONTRO DE PROFESSORES DE PORTUGUÊS LÍNGUA ESTRANGEIRA, 1., 2008, Montevidéu.

BULLA, G. S.; LEMOS, F. C; SCHLLATER, M. Análise de material didático para o ensino de línguas adicionais a distância: reflexões e orientações para o design de tarefas pedagógicas. Horizontes de Linguística Aplicada, Brasília, DF, v. 11, n. 1, jan./jun., p. 130-135, 2012.

BURIM, S. R. B. A.; FLORISSI, S. PONCE, M. H. O. de. Panorama Brasil: ensino do português do mundo dos negócios. São Paulo: Galpão, 2006.

CAMARA JR., J. M. Estrutura da língua portuguesa. Petrópolis: Vozes, 2019.

CARVALHO, O. L. S.; BAGNO, M. Gramática brasileña para hablantes de español. São Paulo: Parábola, 2015.

CASTILHO, A. T de. Nova gramática do português brasileiro. São Paulo: Contexto, 2010.

CAVALCANTE FILHO, J. da C. O uso da pedagogia de projetos como estratégia de ensino e aprendizagem na educação de jovens e adultos: contribuições para a qualificação profissional. Revista de Estudos e Pesquisas sobre Ensino Tecnológico (EDUCITEC), v. 2, n. 3, 2016. Disponível em: <http://200.129.168.14:9000/educitec/index.php/educitec/article/view/51/32>. Acesso em: 5 out. 2019.

CAVALCANTI, M. C.; BORTONI-RICARDO, S. M. (Org.). Transculturalidade, linguagem e educação. Campinas: Mercado de Letras, 2007.

CAVALCANTI, M. C.; CÉSAR, A. L. Do singular para o multifacetado: o conceito de língua como caleidoscópio. In: CAVALCANTI, M. C.; BORTONI-RICARDO, S. M. (Org.). Transculturalidade, linguagem e educação. Campinas: Mercado das Letras, 2007. p. 45-66.

CEGALLA, D. P. Novíssima gramática da língua portuguesa. São Paulo: Companhia Editorial Nacional, 1992.

CHARAUDEAU, P. Linguagem e discurso: modos de organização. 2. ed. São Paulo: Contexto, 2012.

COIMBRA, I.; COIMBRA, O. M. Gramática ativa 1. Versão brasileira. 2. ed. Lisboa: Lidel, 2012

COLL, C. Psicologia e currículo: uma aproximação psicopedagógica à elaboração do currículo escolar. São Paulo: Ática, 1996.

CONSELHO DA EUROPA. Quadro Europeu Comum de Referência para as Línguas: aprendizagem, ensino, avaliação. Porto: Edições ASA, 2001.

CORACINI, M. J. O livro didático de língua estrangeira e a construção de ilusões. In: CORACINI, M. J. (Org.). Interpretação, autoria e legitimação do livro didático. Campinas: Pontes, 1999. p. 105-124.

CORDEIRO, E. N. Por que utilizar o foco na forma nas aulas de espanhol para falantes brasileiros? Revista X, Curitiba, v. 1, p. 24-38, 2012.

CUNHA, C.; CINTRA, L. F. L. Nova gramática do português contemporâneo. 5. ed. Rio de Janeiro: Lexikon, 2008.

DIAS, E. et al. Gêneros textuais e(ou) gêneros discursivos: uma questão de nomenclatura? Interacções, v. 19, p. 142-155, 2011.

DUBOC, A. P. M. A avaliação da aprendizagem de língua inglesa no contexto de letramento crítico. Entretextos, Londrina, v. 7, n. 1, p. 211-228, jan./dez. 2007.

DUBOC, A. P. M. Atividade curricular: letramento crítico nas brechas da formação de professores de inglês. Tese (Doutorado) – Departamento de Línguas Modernas, Universidade de São Paulo, São Paulo, 2012.

ELLIS, R. Learning a Second Language through Interaction. Amsterdam/Philadelphia: John Benjamins. 1999.

_____. Second Language Acquisition. New York: Oxford University Press, 1997.

ERNESTO, N. M. Abordagem comunicativa na aprendizagem da gramática na aula de português língua não-materna: um estudo de caso. Revista X, Curitiba, v. 1, p. 138-159, 2016.

FAIRCLOUGH, N. Analysing Discourse: Textual Analysis for Social Research. Londres: Routledge, 2003.

_____. Critical Discourse Analysis: the Critical Study of Language. Nova York: Longman, 1995.

_____. Discourse across Disciplines: Discourse Analysis in Researching Social Change. AILA Review, n. 12, p. 3-17. 1997.

_____. Discourse and Social Change. Cambridge: Polity Press, 1992.

_____. Discurso e mudança social. Brasília: Ed. da UnB, 2001.

FAIRCLOUGH, N.; WODAK, R. Critical Discourse Analysis. In: VAN DIJK, T. (Ed.). Discourse Studies: a Multidisciplinary Introduction. Londres: Sage. 1997. p. 258-284.

FARACO, C. A. Norma culta brasileira: desatando alguns nós. São Paulo: Parábola, 2008.

FARIAS, B. S. Exposição de arte e sala de aula de PLA: uma proposta de projeto pedagógico. In: SIMPÓSIO INTERNACIONAL ENSINO DE PORTUGUÊS COMO LÍNGUA ADICIONAL: PRÁTICAS DE ENSINO E FORMAÇÃO DE PROFESSORES, 2012, Porto Alegre.

FERNANDES, G. R. R. et al. Muito prazer: fale o português do Brasil. Barueri: Disal, 2008.

FERRARI, M. Comênio, o pai da didática moderna. Nova Escola, São Paulo, 1º out. 2008. Disponível em: <https://novaescola.org.br/conteudo/184/pai-didatica-moderna-filosofo-tcheco-comenio>. Acesso em: 5 out. 2019.

FERREIRA, L. L. Ensino de português L2 e produção de material didático-pedagógico: formação continuada de professores Xavante. In: GIL, B. D.; AMADO, R. S. (Org.). Reflexões sobre o ensino de português para falantes de outras línguas. São Paulo: Paulistana, 2012. p. 49-54.

FERREIRA, L. M. L. Material para o ensino de português para falantes de espanhol no contexto universitário. Domínios de Lingua@gem, Uberlândia, v. 12, n. 2, p. 910-939. abr.-jun. 2018.

FONTÃO, E.; COUDRY, P. Fala Brasil: português para estrangeiros. Livro do aluno. 17. ed. Campinas: Pontes, 2011.

FRANCHI, E.; FIORIN, J. L. (Org.). Linguagem: atividade constitutiva – teoria e poesia. São Paulo: Parábola, 2011.

FRANCISCO, B. F. M. et al. Alunos falantes de línguas neolatinas do curso de PLE no Celin-UFPR: perfil, necessidades e interesses. In: RUANO, B. P.; SANTOS, J. M. P.; SANTINI, L. M. L. (Org.). Cursos de português como língua estrangeira no Celin-UFPR: práticas docentes e experiências em sala de aula. Curitiba: Ed. da UFPR, 2016. p. 75-94.

FREIRE, P. Pedagogia da autonomia: saberes necessários à prática educativa. São Paulo: Paz e Terra, 1997.

FREITAS, P. G. Os efeitos de duas estratégias de ensino, uma implícita e outra explícita, na aprendizagem do presente e do passato prossimo do italiano como língua estrangeira. Tese (Doutorado em Linguística) – Universidade Federal de Santa Catarina, Florianópolis, 2014.

KILLNER, 2016. M. Roteiro didático para o ensino de PLE em contexto acadêmico. Disponível em: <http://www.uel.br/pos/meplem/pages/arquivos/KILLNER_Mariana_Me_2016.pdf>. Acesso em: 5 out. 2019.

FURTOSO, V. B.; KILLNER. M. Uma proposta de material didático para o ensino de gêneros acadêmicos na sala de aula de português para falantes de outras línguas. In: ENCONTRO MUNDIAL SOBRE O ENSINO DE PORTUGUÊS, 5., 2015, Washington. No prelo.

GEERTZ, C. A interpretação das culturas. Rio de Janeiro: LTC, 2008.

GONÇALVES, C. Brasileirinho: português para crianças e pré-adolescentes. Rio de Janeiro: E.P.U., 2017.

GONZÁLEZ, V. A. Análise de abordagem de material didático para o ensino de línguas (PLE/PL2). Dissertação (Mestrado em Linguística Aplicada) – Departamento de Línguas Estrangeiras e Tradução, Universidade de Brasília, Brasília, 2015.

GOTTHEIM, L. A gênese de um material didático para o ensino de língua. In: PEREIRA, A. L.; GOTTHEIM, L. (Org.). Materiais didáticos para o ensino de língua estrangeira: processos de criação e contextos de uso. Campinas: Mercado de Letras, 2013. p. 55-92.

GROLLA, E.; SILVA, M. C. F. Para conhecer aquisição da linguagem. São Paulo: Contexto, 2014.

GROSSO, M. J. Língua de acolhimento, língua de integração. Horizontes de Linguística Aplicada, Brasília, DF, v. 9, n. 2, p. 61-77, 2010.

HERNÁNDEZ, F.; Os projetos de trabalho: um mapa para navegantes em mares de incertezas. Projeto – Revista de Educação, Porto Alegre, v. 3, n. 4, p. 2-7, 2004.

HERNÁNDEZ, F.; VENTURA, M. A organização do currículo por projetos de trabalho. 5. ed. Porto Alegre: Penso, 2017.

ILARI, R.; BASSO, R. O português da gente: a língua que falamos, a língua que estudamos. 2. ed. São Paulo: Contexto, 2006.

JORDÃO, C. M. O que todos sabem ... ou não: letramento crítico e questionamento conceitual. Revista Crop, São Paulo, v. 12, p. 21-46, 2007.

JORDÃO, C. M. Literary Education, Critical Pedagogy and Postmodernity. In: GRIGOLETTO, M.; CARMAGNANI, A. M. G. (Org.). Inglês como língua estrangeira: identidade, práticas e textualidade. São Paulo: Humanitas/FFLCH/USP, 2001.

JUDICE, N. Módulos didáticos para grupos específicos de aprendizes estrangeiros de português do Brasil: uma perspectiva e uma proposta. In: PEREIRA, A. L.; GOTTHEIM, L. (Org.). Materiais didáticos para o ensino de língua estrangeira: processos de criação e contextos de uso. Campinas: Mercado de Letras, 2013. p. 147-184.

KILLNER, M. Roteiro didático para o ensino de PLE em contexto acadêmico. 2016. Disponível em: <http://www.uel.br/pos/meplem/pages/arquivos/KILLNER_Mariana_Me_2016.pdf>. Acesso em: 5 out. 2019.

KRAEMER, F. F. **Português língua adicional:** progressão curricular com base em gêneros do discurso. 191 f. Dissertação (Mestrado em Letras) – Universidade Federal do Rio Grande do Sul, Porto Alegre, 2012.

KUMARAVADIVELU, B. The Postmethod: (E)merging Strategies for Second/Foreign Language Teaching. **TESOL Quarterly**, v. 28, n. 1, p. 27-48, Spring, 1994.

LARSEN-FREEMAN, D. Techniques and Principles in Language Teaching. New York: Oxford University Press, 2000.

_____. Grammar. In: CARTER, R.; NUNAN, D. (Ed.). The Cambridge Guide to Teaching English to Speakers of Other Languages. New York: Cambridge University Press, 2001. p. 34-41.

LEFFA, V. J. Identidade e aprendizagem de línguas. In: SILVA, K. A. et al. (Org.). A formação de professores de línguas: novos olhares. Campinas: Pontes, 2012. p. 51-81.

LEITE, M. F. F. O ensino-aprendizagem da cultura em PLE: contributos para uma educação intercultural. Tese (Doutorado em Letras) – Universidade do Porto, Porto, 2011.

LIMA, E. E. O. F. **Novo Avenida Brasil:** curso básico de português. Rio de Janeiro: E. P. U., 2008. v. 1.

LIMA, E. E. O. F.; IUNES, S. A. **Falar... Ler... Escrever... Português:** um curso para estrangeiros. 3. ed. Rio de Janeiro: E. P. U., 2017.

LONG, M. H. Methodological Principles for Language Teaching. In: LONG, M. H.; DOUGHTY, C. J. The Handbook of Language Teaching. Oxford: Wiley-Blackwell, 2011. p. 373-397.

LONG, M. H.; ROBINSON, P. Focus on Form: Theory, Research and Practice. In: DOUGHTY, C.; WILLIAMS, J. Focus on Form in Classroom Second Language Acquisition. Cambridge: Cambridge University Press, 1998. p. 15-41.

LOPES, J. H. Materiais didáticos de português para falantes de outras línguas: do levantamento de produções brasileiras a uma nova proposta. In: FURTOSO, V. B. Formação de professores de português para falantes de outras línguas: reflexões e contribuições. Londrina: Eduel, 2009. p. 78-102.

MACEDO, W. K. L. de. Por Saussure e Bakhtin: concepções sobre língua/linguagem. In: CONGRESSO NACIONAL DE LINGUAGENS E REPRESENTAÇÕES: LINGUAGEM E LEITURAS, 1., 2009, Ilhéus. Disponível em: <http://www.uesc.br/eventos/iconlireanais/iconlire_anais/anais-53.pdf>. Acesso em: 5 out. 2019.

MARCUSCHI, L. A. Produção textual, análise de gêneros e compreensão. São Paulo: Parábola, 2008.

MARTINS, S. A. A intercompreensão de línguas românicas: proposta propulsora de uma educação plurilíngue. Moara, Belém, n. 42, p. 117-126, jul./dez. 2014.

MENDES, E. (Org.). Diálogos interculturais: ensino e formação em português língua estrangeira. Campinas: Pontes, 2011.

MENDES, K. A. Português língua estrangeira: uma análise do livro didático. 69 f. Dissertação (Mestrado em Letras e Linguística) – Universidade Federal da Bahia, Salvador, 2006.

MENEGAZZO, R. E.; XAVIER, R. P. Do método à autonomia do fazer crítico. Trabalhos em Linguística Aplicada, Campinas, v. 43, p. 115-126, jan./jun. 2004.

MENEZES, E. R. Crenças de professores de PLE e alunos asiáticos do Celin-UFPR. 162 f. Dissertação (Mestrado em Estudos Linguísticos) – Universidade Federal do Paraná, Curitiba, 2015.

MENEZES, E. R.; SANTOS, J. M. P. Contexto de aprendizagem de português L2: comunidades de práticas em ambientes multilinguais/multiculturais. Revista X, Curitiba, v. 2, p. 133-171, 2012.

MITTELSTADT, D. D. Multiletramentos e autonomia nas aulas de língua adicional: uma proposta de material didático. Monografia (Licenciatura em Letras) – Universidade Federal do Rio Grande do Sul, Porto Alegre, 2010.

MOITA LOPES, L. P. da (Org.). Por uma linguística aplicada indisciplinar. São Paulo: Parábola, 2006.

MOITA LOPES, L. P. da; FABRÍCIO, B. F. Viagem textual pelo sul global: ideologias linguísticas queer e metapragmáticas translocais. Linguagem em (Dis)curso – LEMD, Tubarão, v. 18, n. 3, p. 759-784, set./dez. 2018.

MOORE, M. G. Três tipos de interação. Dossiê Teccogs, n. 9, p. 73-80, jan./jun. 2014.

_____. Three Types of Interaction. American Journal of Distance Education, v. 3, n. 2, p. 1-7, 1989.

MOREIRA, J. Refugiados no Brasil: reflexões acerca do processo de integração local. Revista Interdisciplinar da Mobilidade Humana, Brasília, ano 22, n. 43, p. 85-98, jul./dez. 2014.

NEIVA, R.; ALONSO, L.; FERNEDA, E. et al. Transculturalidade e tecnologias da informação e comunicação. Novas Tecnologias em Educação, v. 5, n 2, dez. 2007.

NEVES, M. H. de M. Gramática de usos do português. São Paulo: Ed. da Unesp, 2011.

NUNAN, D. Designing Tasks for the Communicative Classrooms. Cambridge: Cambridge University Press, 1989.

PABST, L. U. Que gramática do português brasileiro usar no ensino de português como língua adicional? Trabalho de Conclusão de Curso (Licenciatura em Letras) – Universidade Federal do Rio Grande do Sul, Porto Alegre, 2012.

PACHECO, D. G. L. da C. Português para estrangeiros e os materiais didáticos: um olhar discursivo. 335 f. Tese (Doutorado em Letras) – Universidade Federal do Rio de Janeiro, Rio de Janeiro, 2006.

PAIVA, A. F.; VIANA, N. Reflexões acerca do livro didático de português como língua estrangeira em uma perspectiva intercultural. In: BARBOSA, L. M. de A. (Org.). (Inter)faces (inter)culturais no ensino-aprendizagem de línguas. Campinas: Pontes, 2014. p. 13-32.

PASCHOAL, L. C. Questões de identidade no processo de ensino-aprendizagem de língua estrangeira. Tabuleiro de Letras, n. 6, jun. 2013.

PENNYCOOK, A. Critical Applied Linguistics: a Critical Introduction. Mahwah, NJ: Lawrence Erlbaum, 2001.

PENNYCOOK, A. Linguística aplicada pós-colonial. In: CORACINI, M. J. (Org.). O desejo da teoria e a contingência da prática: discursos sobre e na sala de aula. Campinas: Mercado de Letras, 2003. p. 21-51.

PEREIRA, A. L. Representações de gênero em livros didáticos de língua estrangeira: discursos gendrados e suas implicações para o ensino. In: PEREIRA, A. L.; GOTTHEIM, L. (Org.). **Materiais didáticos para o ensino de língua estrangeira: processos de criação e contextos de uso**. Campinas: Mercado de Letras, 2013. p. 113-146.

PERIN SANTOS, J. M. P. Análise de uma unidade didática para estudantes iniciantes do curso de PLE no Celin-UFPR. **Revista X**, Curitiba, v. 12, n. 2, p. 171-191, 2017.

PERIN SANTOS, J. M. P. et al. **Curso de português brasileiro para iniciantes**. Curitiba: Ed. da UFPR, 2020. No prelo.

PERIN SANTOS, J .M. Opinião de professores de PLE/PL2 sobre o uso de materiais didáticos em suas aulas. Simpósio SIPLE 2019, Manaus. Anais. [Livro eletrônico]. 2020. No prelo.

PERINI, M. A. **Gramática do português brasileiro**. São Paulo: Parábola, 2010.

POTOCKY, L. C.; VILAÇA, M. L. C. O livro didático de língua estrangeira: história, avaliação e importância. **Cadernos do CNLF**, v. 16, n. 4, p. 950-958, 2012. Disponível em: <http://www.filologia.org.br/xvi_cnlf/tomo_1/084.pdf>. Acesso em: 5 out. 2019.

RAJAGOPALAN, K. **Por uma linguística crítica**: linguagem, identidade e a questão ética. São Paulo: Parábola, 2003.

RAMÍREZ SALAS, M. English Teachers as Materials Developers. **Actualidades Investigativas en Educación**, v. 4, n. 2, 2004. Disponível em: <http://www.redalyc.org/pdf/447/44740214.pdf>. Acesso em: 5 out. 2019.

RAMOS, A. G.; MARCHESAN, M. T. N. O ensino de PLE para fins específicos e a produção de livro didático. **Horizontes de Linguística Aplicada**, Brasília, DF, v. 12, n. 2, p. 15-35, 2013.

ROCHA, N. A.; GILENO, R. S. S. Ensino e aprendizagem de português língua estrangeira (PLE): repensando o contexto de imersão. Revista EntreLínguas, Araraquara, v. 1, n. 2, p. 237-253, jul./dez. 2015.

ROJO, R. Gêneros do discurso e gêneros textuais: questões teóricas e aplicadas. In: MEURER, J. L.; BONINI, A.; MOTTA-ROTH, D. (Org.). Gêneros: teorias, métodos, debates. São Paulo: Parábola, 2005. p. 184-207.

ROMANICHEN, C. Viva! Língua portuguesa para estrangeiros. Curitiba: Positivo, 2010.

SANTOS, E. M. O. Abordagem comunicativa intercultural (Acin): uma proposta para ensinar e aprender língua no diálogo de culturas. 440 f. Tese (Doutorado em Estudos Linguísticos) – Universidade Estadual de Campinas, Campinas, 2004.

SANTOS, E. M. O. Propostas de critérios para elaboração de unidades temáticas e de enunciados de tarefas em contexto de ensino de PLE no Celin-UFPR. 149 f. Dissertação (Mestrado em Estudos Linguísticos) – Universidade Federal do Paraná, Curitiba, 2014.

SANTOS, E. M. O. "Um olhar estrangeiro": relato de experiência com alunos de português para estrangeiros do Celin-UFPR. Revista X, Curitiba, v. 1, p. 100-107, 2009. Disponível em: <https://revistas.ufpr.br/revistax/article/viewFile/15470/10899>. Acesso em: 5 out. 2019.

SANTOS, J. M. P. Metodologia de ensino de língua portuguesa como língua estrangeira. Curitiba: InterSaberes, 2019.

SANTOS, J. M. P.; SILVA, M. C. F. Ser e estar em sentenças locativas: observações voltadas à formação de professores da PLE. Revista da Abralin, v. 17, n. 1, p. 226-261, 2018.

SANTOS, L. G. dos; BAUMVOL, L. K. Gêneros discursivos em uma sequência didática para o ensino de português como língua adicional. In:

SCHOFFEN, J. R. et al. (Org.). Português como língua adicional: reflexões para a prática docente. Porto Alegre: Bem Brasil, 2012. p. 45-70.

SARWAR, A. M. Teaching English Grammar through Communicative Language Teaching Approach (CLTA) in the Context of Bangladesh. 2011. Disponível em: <http://www.articlesbase.com/languages-articles/teaching-english-grammar-through-communicative-language-teaching-approach-clta-in-the-context-of-bangladesh-5125815.html>. Acesso em: 29 nov. 2019.

SCARAMUCCI, M. Efeito retroativo da avaliação no ensino/aprendizagem de línguas: o estado da arte. Trabalhos em Linguística Aplicada, Campinas, v. 43, n. 2, p. 203-226, 2004.

SCARAMUCCI, M. O professor avaliador: sobre a importância da avaliação na formação do professor de língua estrangeira. In: ROTTAVA, L.; SANTOS, S. S. (Org.). Ensino e aprendizagem de línguas: língua estrangeira. Ijuí: Ed. da Unijuí, 2006. p. 49-64.

SCARAMUCCI, M. V. R.; DINIZ, L. R. A.; STRADIOTTI, L. M. Uma análise panorâmica de livros didáticos de português do Brasil para falantes de outras línguas. In: DIAS, R.; CRISTÓVÃO, V. L. (Org.). O livro didático de língua estrangeira: múltiplas perspectivas. Campinas: Mercado de Letras, 2009. p. 265-304.

SCHERRE, M. M. P. Doa-se lindos filhotes de poodle: variação linguística, mídia e preconceito. 2. ed. São Paulo: Parábola, 2005.

SCHLATTER, M.; GARCEZ, P. M.; SCARAMUCCI, M. O papel da interação na pesquisa sobre aquisição e uso de línguas estrangeiras: implicações para o ensino e para a avaliação. Letras Hoje, Porto Alegre, v. 39, n. 3, p. 345-378, set. 2004.

SCHLATTER, M.; GARCEZ, P. Referenciais curriculares para o ensino de língua espanhola e de língua inglesa. Porto Alegre: Secretaria de Estado da Educação, 2009.

SCHOFFEN, J. R. Gêneros do discurso e parâmetros de avaliação de proficiência em português como língua estrangeira no exame Celpe-Bras. 192 f. Tese (Doutorado em Linguística Aplicada) – Universidade Federal do Rio Grande do Sul, Porto Alegre, 2009.

SEBBAGH, H. S. T. F. Representações socioculturais no livro didático de PLE. 125 f. Dissertação (Mestrado em Linguagem, Identidade e Subjetividade) – Universidade Estadual de Ponta Grossa, Ponta Grossa, 2016.

SILVA, G. A. A era pós-método: o professor como um intelectual. Linguagens & Cidadania, v. 6, n. 2, jul./dez. 2004. Disponível em: <http://coral.ufsm.br/lec/02_04/Gisvaldo.htm>. Acesso em: 5 out. 2019.

SILVA, M. K. A. Textos autênticos, adaptados e semi-autênticos no ensino de alemão como língua estrangeira: reflexões sob a perspectiva da pedagogia pós-método e da aprendizagem como participação. Dissertação (Mestrado em Letras, língua e literatura alemã) – Universidade de São Paulo, São Paulo, 2015.

SILVA, T. C. Fonética e fonologia do português: roteiro de estudos e guia de exercícios. 9. ed. São Paulo: Contexto, 2008.

SOUZA, A. E. A. O discurso do professor sobre o ensino de gramática em sala de aula de português como língua estrangeira. 173 f. Dissertação (Mestrado em Linguística) – Universidade Federal do Ceará, Fortaleza, 2013.

TOMLINSON, B. Introduction. In: TOMLINSON, B. (Ed.). Materials Development in Language Teaching. Cambridge: Cambridge University Press, 2004. p. 1-24.

TV BRASIL. ANTT publica novas regras para tabela do frete de cargas. Brasil em Dia, 19 jul. 2019a. Disponível em: <http://tvbrasil.ebc.com.br/brasil-em-dia/2019/07/antt-publica-novas-regras-para-tabela-do-frete-de-cargas>. Acesso em: 5 out. 2019.

TV BRASIL. Metrô de SP planeja instalar sistema de reconhecimento facial. **Repórter Brasil**, 18 jul. 2019b. Disponível em: <http://tvbrasil.ebc.com.br/reporter-brasil/2019/07/metro-de-sp-planeja-instalar-sistema-de-reconhecimento-facial>. Acesso em: 5 out. 2019.

TV BRASIL. Região Sul deve registrar recorde de temperatura mais baixa do ano. **Repórter Brasil**, 8 jun. 2018. Disponível em: <http://tvbrasil.ebc.com.br/reporter-brasil/2018/06/regiao-sul-deve-registrar-recorde-de-temperatura-mais-baixa-do-ano>. Acesso em: 5 out. 2019.

VIANA, N. **Sotaque cultural**: uma proposta para compreensão de traços culturais (re)velados na interação em língua estrangeira. 319 f. Tese de Doutorado. UFMG, Belo Horizonte, 2003.

VIDAL, R. T. **Ensino-aprendizagem do foco na forma**: retorno ou recomeço? The ESPecialist, São Paulo, v. 28, n. 2, p. 159-184, 2007.

VILAÇA, M. L. C. O material didático no ensino de língua estrangeira: definições, modalidades e papéis. **Revista Eletrônica do Instituto de Humanidades**, v. 8, n 30, jul./set. 2009. Disponível em: <http://publicacoes.unigranrio.edu.br/index.php/reihm/article/viewFile/653/538>. Acesso em: 5 out. 2019.

VYGOTSKY, L. S. **A formação social da mente**. São Paulo: M. Fontes, 1984.

ZILLES, A. M. S. Nova gramática do português brasileiro: um olhar sociolinguístico. In: FARACO, C. A.; VIEIRA, F. E. (Org.). **Gramáticas brasileiras**: com a palavra, os leitores. São Paulo: Parábola, 2016. p. 149-186.

bibliografia comentada

PEREIRA, A. L.; GOTTHEIM, L. (Org.). Materiais didáticos para o ensino de língua estrangeira: processos de criação e contextos de uso. Campinas: Mercado de Letras, 2013.

Os artigos desse livro estão direcionados para práticas de ensino e, principalmente, para a produção de materiais didáticos para o ensino de PLE. São reflexões muito úteis para quem pretende desenvolver ou adaptar atividades ou materiais para o ensino. As observações incentivam o espírito investigativo e crítico desde o momento da concepção dos materiais, passando pelo desenvolvimento, até sua aplicação.

KILLNER, M. Roteiro didático para o ensino de PLE em contexto acadêmico. 2016. Disponível em: <http://www.uel.br/pos/meplem/pages/arquivos/KILLNER_Mariana_Me_2016.pdf>. Acesso em: 22 de nov. 2019.

Esse livro é composto por quatro unidades didáticas destinadas a estudantes de português para estrangeiros em contexto acadêmico. As unidades tratam dos seguintes temas: resumo acadêmico, resenha acadêmica, comunicação oral e artigo acadêmico. O objetivo é fornecer aos professores de PLE uma proposta de material que esteja de acordo com as necessidades de estudantes universitários. O material visa instrumentalizar os alunos para agir em contexto acadêmico.

BASSO, R. M. Descrição do português brasileiro. São Paulo: Parábola, 2019.

Esse livro contém informações muito úteis para a formação de professores de PLE no que se refere à descrição do português brasileiro. Inicia com um capítulo sobre história e formação do português brasileiro e segue com uma abordagem sobre os sons e sua escrita, morfologia, sintaxe, semântica e pragmática do português brasileiro. Embora os temas possam parecer difíceis, sua apresentação é bastante acessível.

respostas

um

Atividades de autoavaliação

1. a

   Estão corretas as afirmativas I, II, III. Apenas a IV não é satisfatória, pois o livro didático publicado é apenas mais uma opção de material, e não a única.

2. b

   Apenas o terceiro item se refere aos materiais com fins diversos, ou seja, não foram produzidos prioritariamente para o ensino de línguas.

3. d

   A ordem obtida é 1, 1, 2, 2.

4. a

   Apenas a afirmativa III não está adequada, porque é possível no decorrer do projeto realizar atividades e exercícios que favoreçam seu andamento.

5. c

A ordem obtida é 4, 1, 2, 3.

dois

Atividades de autoavaliação

1. a

A ordem obtida é 2, 1, 1, e 3.

2. b

As duas primeiras alternativas vão em sentido contrário ao que é adequado para desenvolver a interação e a interlocução.

3. d

Embora pouco valorizada nos materiais didáticos, é necessário que a variedade linguística esteja presente nos materiais didáticos. A outra alternativa que não está adequada é a que se refere aos textos autênticos. Na verdade, os professores têm acesso a textos autênticos, e o mais importante é fornecer ideias de exploração dos textos e criação de tarefas.

4. d

Todas as opções estão corretas, de acordo com o texto do capítulo.

5. b

Apenas a opção III está adequada à questão proposta.

três

Atividades de autoavaliação

1. b

Apenas a quarta afirmativa não está correta, pois se refere a uma prática estrutural que não condiz com o trabalho realizado com textos.

2. a

Elaborar frases isoladas para compor os materiais é geralmente muito mais fácil do que elaborar perguntas de compreensão que sejam interessantes e não óbvias no texto.

3. c

Apenas a afirmativa II não corresponde à questão formulada, pois não é adequado restringir o trabalho com textos apenas aos textos escritos; isso limita a compreensão e a prática dos atos comunicativos.

4. d

Todos os itens estão corretos ou de acordo com a questão levantada no enunciado.

5. a

A afirmativa IV não é adequada, pois apresenta a ideia de que os gêneros orais devem ser secundários, enquanto os gêneros escritos devem ser prioritários. Entendemos que deve haver equilíbrio na utilização e na exploração desses gêneros.

quatro

Atividades de autoavaliação

1. c

Apenas a afirmativa II está inadequada, pois trata apenas do registro formal.

2. b

As informações referem-se ao ensino explícito, que valoriza a metalinguagem e a prática de tópicos gramaticais, e ao ensino implícito, que valoriza a aprendizagem acidental, ou seja, sem a descrição e a análise do funcionamento da língua e de sua gramática.

3. a

A afirmativa II apenas valoriza o registro-padrão, e a IV porque descarta o que é essencial para a formação de professores de PLE/PL2.

4. d

Todos os itens estão de acordo com a questão proposta e conforme o texto apresentado no capítulo.

5. a

A ordem obtida é 1, 1, 2, 1. As informações correspondem aos seguintes exemplos, respectivamente: Ele é brasileiro. / Ele é professor. / Ele está feliz hoje. / Ele é alto.

cinco

Atividades de autoavaliação

1. c

Apenas a opção II não está correta, pois não se mencionou no capítulo o fato de que ministérios federais tenham investido na produção de material didático de PLE/PL2.

2. c

Todas as alternativas estão corretas, pois as informações apresentadas estão de acordo com os critérios expostos no texto.

3. b

A afirmativa III se refere ao fato de que há geralmente variedade de tendências teórico-metodológicas nos materiais didáticos. As outras afirmativas indicam o oposto do que foi apresentado no texto do capítulo.

4. b

A única afirmativa que não corresponde às explicações apresentadas no texto é a quarta. A prática de pronúncia e entonação também deve estar conectada aos conteúdos da unidade e distribuída ao longo das unidades.

5. c

A opção IV se refere a dois discursos possíveis, mas também ao discurso neutro, o qual não é citado no texto nem considerado possível pela maioria dos estudiosos na área.

seis

Atividades de autoavaliação

1. b

O termo *unidade de sentido* não é usado no âmbito do ensino de línguas em referência às unidades que compõem um material didático.

2. c

A segunda afirmativa aponta o texto e suas estruturas gramaticais como o centro do trabalho, e a terceira afirmativa descreve um conceito frequente relacionado a unidades didáticas.

3. b

Apenas as afirmativas II e III fazem referência às etapas de produção de uma unidade temática conforme descrito no texto lido. A afirmativa II se refere ao planejamento e a III, a todas as etapas.

4. d

As afirmativas verdadeiras se referem a três importantes critérios para a escolha de temas: universalidade, relevância e adequação ao programa de curso. A terceira afirmativa não está correta pois se restringe apenas à realidade da escola.

5. a

Todos os itens estão corretos; estão, aliás, na sequência apresentada na unidade temática desenvolvida para o capítulo.

{

sobre a autora

JOVANIA MARIA PERIN SANTOS é licenciada em Letras Português e Inglês pela Universidade Tuiuti do Paraná (UTP). Especializou-se em Ensino de Línguas Estrangeiras Modernas pela Universidade Federal do Paraná (UFPR), onde também fez mestrado em Estudos Linguísticos e atualmente faz doutorado em Estudos Gramaticais. Dedica-se à produção de materiais didáticos para o ensino de português como língua estrangeira, área em que atua como professora desde 2000 e como formadora de professores de PLE/PL2 desde 2010. É a organizadora do livro *Cursos de português como língua estrangeira no Celin-UFPR: práticas docentes e experiências em sala de aula*, publicado pela Editora da UFPR, e autora do livro *Metodologia de ensino de língua portuguesa como língua estrangeira*, publicado em 2019 pela Editora InterSaberes.

Impressão:
Março/2020

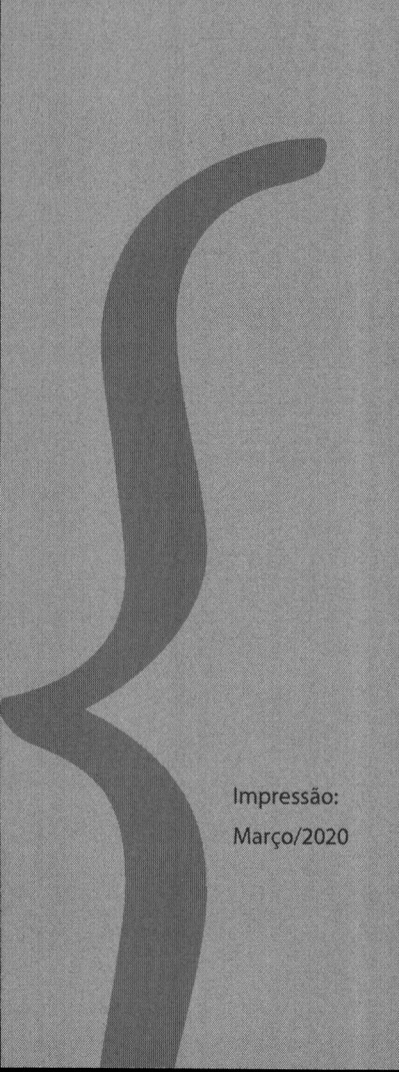